AF234079

ENCYCLOPÉDIE

POPULAIRE,

ou

LES SCIENCES, LES ARTS

ET LES MÉTIERS,

MIS A LA PORTÉE DE TOUTES LES CLASSES.

L'instruction mène à la fortune
et conduit au bonheur.

ART
DE
L'ORNEMANISTE,

DU STUCATEUR,
DU CARRELEUR EN PAVÉS DE MOSAÏQUE,
ET DU DÉCORATEUR EN
DIVERS GENRES ;

PAR M. ***

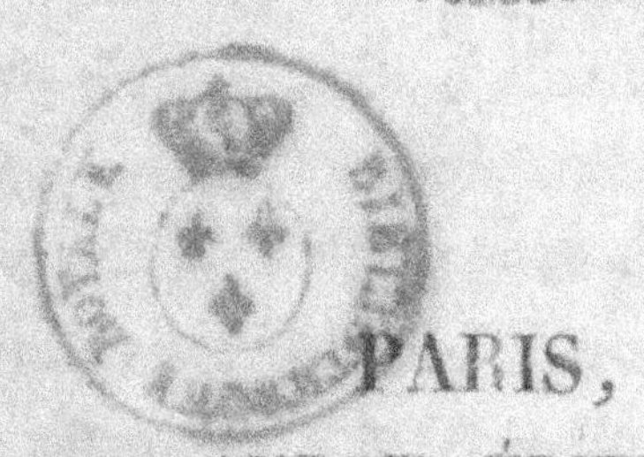

PARIS,
AUDOT, ÉDITEUR,
RUE DES MAÇONS-SORBONNE, Nº 11.
1828.

IMPRIMERIE DE A. HENRY,
Rue Git-le-Cœur, n° 8.

AVIS.

Dans l'acception ordinaire du mot, *Ornemaniste* ne signifie que l'art du moulage d'ornemens imitant la sculpture. Mais nous avons étendu ce cadre, extrêmement resserré par lui-même, en y introduisant les procédés divers de décoration des appartemens, des meubles et des boiseries, qui font de ce petit volume, un complément nécessaire de l'Art du Peintre en bâtimens, publié dans l'Encyclopédie populaire, à la suite de l'Art du Fabricant de couleurs et vernis. Si ces trois ouvrages ont été séparés, l'intérêt des ouvriers et le désir de procurer à chacun d'eux, au plus bas prix possible, l'objet de ses re-

cherches, nous a seul guidé ; mais à
toutes les personnes qui voudront réu-
ce qui concerne dans son ensemble,
la décoration des habitations, nous
conseillerons de se procurer les trois
ouvrages à-la-fois.

ART

DE

L'ORNEMANISTE,

DU STUCATEUR,
DU FABRICANT DE CARRELAGES COLORÉS EN MOSAÏQUE, ETC.

CHAPITRE PREMIER.

MOULAGE D'ORNEMENS DE TOUTE ESPÈCE.

—

Procédé pour mouler des Ornemens en relief, connus sous les noms de Stuc ligneux *et* Bois coulé.

On prépare une colle très-claire avec 5 parties de colle de Flandre et une partie de colle de poisson; on fait fon-

dre séparément ces deux colles dans
beaucoup d'eau, et on les mêle ensuite, après les avoir passées à un linge
fin. On connaît le degré de liquidité
convenable, en laissant parfaitement
refroidir les colles mélangées; elles doivent alors fournir une gelée très-peu
consistante. La colle ainsi préparée,
on la fait chauffer jusqu'à ce qu'on ait
de la peine à y tenir le doigt plongé; ce
qui lui donne plus de consistance. Ensuite on prend de la râpure du bois
que l'on veut mouler, et qu'on doit
faire, soit avec une râpe fine, soit avec
des copeaux séchés au four et pilés,
soit avec de la sciure du même bois
passée à travers un tamis très-fin;
l'on en forme une pâte dont on place
une couche de 2 ou 3 millimètres d'é-
paisseur sur toutes les surfaces du
moule de plâtre ou de soufre, après
les avoir enduites d'huile de lin ou de
noix, de la même manière que lorsque
l'on veut mouler du plâtre. Pendant
que cette première pâte commence à
sécher, on en prépare une seconde plus
grossière avec les poudres du même
bois qui n'ont pu passer par le tamis
fin, mais qu'on a passées par un crible

plus gros. On remplit entièrement le
moule avec cette seconde pâte, qui
donne de la consistance à la première,
et l'on a soin de la tasser avec la main
dans le moule, afin que la première
prenne bien toutes les formes de la
sculpture; ensuite on la couvre avec
une planche huilée qu'on charge fortement, afin que la pâte entre bien
dans tous les contours, et on la laisse
ainsi suffisamment sécher pour qu'on
puisse la retirer sans la briser. On connaît facilement, à la retraite que fait
la pâte dans le moule en séchant, le
point convenable pour l'en extraire;
mais avant il faut, avec une lame assez
large, enlever tout ce qui excède la
hauteur du moule, afin que le dessous
de la pièce présente une surface plane.
On colle ensuite l'ornement sur le meuble auquel on le destine, et s'il doit
rester de la couleur du bois, on passe
dessus quelques couches de vernis à
l'esprit-de-vin et l'on cire à l'encaustique, comme cela se pratique pour
les bois sculptés. On a peine à recon-
naître que ces sortes d'ornemens ont
été moulés. On peut les dorer à l'or-

dinaire ; l'or y prend bien et la dorure est très-solide.

Des Ornemens en Mastic et en Carton-pierre pour les Décors en relief.

Depuis 1806, on fabrique en France divers ornemens imitant les plus riches sculptures, à l'aide du moulage d'une composition plastique, formée principalement de carbonate de chaux (craie), de colle-forte et de pâte à papier : on l'emploie surtout pour les décors en bas-reliefs, encadremens ou bordures dorées ; on l'a même, depuis quelques années, appliquée à la confection des statues.

M. Tirrart, successeur de MM. Benoiste et Ce., et de feu Sempé, décorateur, fabricant d'ornemens d'architecture en carton-pierre, dit *ornemaniste*, et dont les magasins sont situés, (depuis 1812), rue de la Paix, n° 11, au coin de celle Neuve-Saint-Augustin, annonce que la nouvelle matière dont ses ornemens sont composés, leur donne véritablement la solidité de la pierre la plus dure, et que le procédé

employé pour leur fabrication, à l'aide
de moyens de pression extrêmement
puissans, offre une perfection de fini
et de netteté dans l'exécution, qui dispense de tout *réparage* ou *ébarbage*.

Ces ornemens remplacent avec avantage toute espèce de sculpture, et ils
s'emploient avec succès pour toutes les
décorations intérieures et extérieures
des monumens, églises, théâtres, bâtimens et appartemens. Lorsqu'on les
place à l'extérieur, il faut les peindre à
l'huile à plusieurs couches : dans cet
état ils peuvent être facilement dorés.

M. Tirrart, possesseur d'une longue
suite de moules en métal, qu'il est
occupé d'augmenter sans cesse, offre
la collection la plus complète de cha-
piteaux, colonnes et pilastres, mo-
dillons, moulures, portes, couronnes,
cercles, rosaces, patères, rosaces de
plafonds, têtes, figures détachées et
sujets de bas-reliefs, montans en feuil-
lages et arabesques; avec quoi on peut
composer à volonté toutes les décorations possibles, telles que corniches,
frises, plafonds, pilastres, chambranles,
couronnemens, encadremens, panneaux de tous genres, candelabres,

écoinsons, chapelles, autels, taber-
nacles, confessionnaux, etc.

Tous ces ornemens joignent au mérite
d'une application très-facile, tant sur bois
que sur plâtre, une grande promptitude
d'exécution, puisque l'on peut décorer
tous les appartemens d'une vaste maison en 15 jours de tems.

Lors même que les plâtres ont été
peints à l'huile, ou en détrempe, ou
au vernis, l'application est également
facile.

La pose pour Paris se paie un cin-
quième en sus du prix de l'ornement.

*Matière Plastique de M. Dedreux,
susceptible d'être moulée et pouvant résister autant que la pierre
aux injures de l'air.*

La matière plastique employée par
M. Dedreux est composée de sable,
d'argile cuite, de tessons de porcelaine,
d'éclats de marbre blanc, pulvérisés et
mélangés avec de la litharge et de
l'huile. L'huile est en si petite proportion, que le ciment n'en est seulement
qu'humecté, et qu'en le pressant il ne
contracte pas plus d'adhérence que le

sable des fondeurs ; mais peu à peu la matière s'échauffe, les molécules se collent entre elles, et en peu de tems on en forme une pâte assez ductile, pour prendre l'empreinte d'un moule.

Que l'on soit parvenu avec une pareille matière à mouler une statue, c'est assurément un tour de force de l'art plastique; car on ne peut la couler comme le plâtre : il faut, lorsqu'à force de la pétrir, on l'a rendue assez ductile pour prendre et garder les formes du moule, la presser contre ses parois partie par partie. Il faut que la pression soit égale, pour que les pièces du moule ne sortent pas de leur place; il faut enfin surmonter beaucoup de difficultés.

Dans le moulage en plâtre, les figures ne sont pas coulées entières et d'un seul jet, mais en plusieurs parties, que l'on rajuste ensuite parfaitement : avec la matière plastique de M. Dedreux, on moule la figure tout entière, et l'opération ne peut être interrompue; elle dure une journée pour une figure de 5 à 6 pieds.

On conçoit que cette manière de mouler par compression doit fatiguer beaucoup les moules : aussi ne peuvent-ils produire qu'un petit nombre de bonnes épreuves ; celles qui viennent après ont des pièces renfoncées et des coutures très-apparentes. On fait disparaître ces inégalités en réparant la statue, et le travail de cette réparation n'est pas sensible, s'il est confié à une main habile.

On moule dans cet établissement beaucoup plus de statues que d'ornemens d'architecture : cela tient à ce que la matière doit rester long-tems dans le moule avant qu'on puisse l'en sortir et l'exposer à l'air pour achever sa dessication. Or, dans une frise dont les ornemens se répètent, il faudrait avoir une grande quantité de moules, ou attendre bien long-tems avant de produire la quantité d'ornemens nécessaire pour décorer un édifice ; il vaudrait donc mieux, à l'exemple des anciens, estamper de l'argile et la faire cuire.

Composition d'un Mastic hydrofuge propre à préserver de la détérioration les Peintures sur pierre et sur plâtre, et qui contribue à l'Assainissement des lieux bas et humides; par MM. Darcet et Thénard.

Ce mastic hydrofuge consiste dans un mélange de cire jaune ou de résine, avec de l'huile de lin lithargirée. Pour obtenir l'huile de lin lithargirée, l'on fait dissoudre à chaud une partie de litharge en poudre fine dans dix parties d'huile de lin pure. Pour faire le mastic à la cire, on prend :

Cire jaune, une partie; huile de lin cuite, 3 parties, avec 1 dixième de son poids de litharge; on fait dissoudre le tout à une douce chaleur et on le conserve pour s'en servir.

Le mastic résineux se fait de la même manière; mais l'on prend alors: résine, 2 parties; huile lithargirée, une partie.

Ce dernier mastic étant moins cher, est employé pour les ouvrages communs et de peu de valeur. Le mastic à la cire, au contraire, est préférable pour les objets précieux, pour les moulures, les sculptures; il pénètre avec facilité les détails les plus délicats, il ne laisse aucune épaisseur à la surface, et par conséquent n'altère point la pureté des traits.

Toute la difficulté de l'emploi de ce mastic consiste dans son application; mais c'est à ce mode d'application surtout, qu'il doit la préférence sur tous les autres mastics hydrofuges.

L'orsqu'on veut l'appliquer sur la surface d'un mur ou d'une voûte, il est nécessaire de chauffer préalablement la pierre, afin d'en chasser toute l'humidité, et que le mastic puisse la pénétrer. On se sert pour cet objet, d'un réchaud de doreur, qui est un parallèlipipède en tôle, garni d'une grille de fer, et dans l'intérieur duquel on place du charbon incandescent. On présente le côté de la grille à la partie que l'on veut chauffer; on fait ensuite glisser le fourneau devant la partie voisine, et pendant que celle-ci s'échauffe à son tour, le mastic, à la température de 100 degrés, est appliqué avec de larges pinceaux plats. Si l'on s'aperçoit que toute la surface ne soit pas également couverte de mastic, on la chauffe de nouveau pour en appliquer encore, et l'on répète cette opération. L'enduit pénètre à la profondeur de 4 à 5 millimètres; il se solidifie par le refroidissement, et prend en 6 semaines ou 2 mois une dureté considérable. Il ne met pas seulement la peinture à l'abri de l'humidité, il prévient encore l'*embu*, par l'impossibilité où se trouve l'huile d'être absorbée; il dispense aussi le peintre de vernir son tableau, avantage dont il est facile de sentir le prix.

Ce mastic a été appliqué avec le plus grand succès à la coupole de Sainte-Geneviève; une expérience de 11 ans a confirmé ce succès.

Des murs très-humides d'un rez-de-chaussée ont été assainis et séchés de la même manière, en chauffant la surface au moyen d'un fourneau et y appliquant 5 couches de mastic résineux. La dépense a été de 16 sous par mètre carré, ou 3 fr. 20 c. par toise.

Le plâtre reçoit parfaitement l'enduit, et durcit en peu de tems; seulement, dans ce cas-ci, la chaleur doit être ménagée, autrement le plâtre se décomposerait. L'opération réussit toujours très-bien sur les plâtres neufs et

secs; mais si les murs étaient trop salpé-
trés, le mastic n'y pénétrerait qu'avec
peine, et pourrait même se détacher.

On sait que la peinture sur les plafonds en plâtre se détériore peu à peu.
Les auteurs sont convaincus qu'en les
imprégnant d'un enduit de cire et
d'huile lithargirée, on les conserverait
presque autant que s'ils étaient de
pierre, et que leurs couleurs n'éprou-
veraient pas plus d'altération que sur
la toile.

Lorsqu'on veut conserver des objets
précieux en plâtre, tels que statues, bas-
reliefs, médailles, etc., on emploie un
mastic composé de la manière suivante :

Enduit conservateur des Statues et Bas-Reliefs.

On prend de l'huile de lin pure ; on
la convertit en savon neutre au moyen
de la soude caustique ; on y ajoute ensuite une forte solution de sel marin, et
l'on pousse la cuisson jusqu'au point
de donner une grande densité à la lessive et d'obtenir le savon nageant en
petits grains à la surface de la liqueur :
le tout est versé sur un carrelet, et
quand le savon est bien égoutté, on le
soumet à la presse pour en exprimer le

plus de lessive possible : alors on le fait dissoudre dans de l'eau distillée, et on passe la solution chaude à travers un linge fin. D'un autre côté, on fait dissoudre dans de l'eau également distillée, un mélange de 80 parties de sulfate de cuivre et de 20 parties de sulfate de fer du commerce; on filtre cette liqueur, et après en avoir fait bouillir une partie dans un vase de cuivre bien net, on y verse peu à peu la solution de savon, jusqu'à ce que la solution métallique soit complétement décomposée. Ce point de décomposition étant atteint, une nouvelle quantité de solution de sulfate de cuivre et de fer doit être versée dans le vase, la liqueur agitée de tems en tems et portée à l'ébullition. De cette manière, le savon, sous forme de flocons, se trouve lavé dans un excès de sulfate; après quoi, il doit l'être successivement à grande eau bouillante et à l'eau froide; puis il est pressé dans un linge pour l'essuyer et le sécher le plus possible; et c'est dans cet état qu'on s'en sert comme il va être dit.

On fait cuire 1 kilogramme d'huile de lin pure avec 250 grammes de litharge pure en poudre très-fine; on passe le produit dans un linge, et on le laisse déposer à l'étuve; il se clarifie promptement. Cela fait, on prend :

Huile de lin cuite. .   300 grammes.
Savon de cuivre et
   de fer.   160
Cire blanche pure .   100

On fait fondre le mélange à la vapeur ou au bain-Marie, dans un vase de faïence; on le tient fondu pour laisser dégager le peu d'humidité qui s'y trouve, on fait chauffer le plâtre jusqu'à 80 ou 90 degrés centigrades, dans une étuve, puis on l'en retire et l'on y applique le mélange fondu.

Lorsque le plâtre se refroidit assez pour que le mélange n'y pénètre plus, on le remet à l'étuve; on le chauffe de nouveau à 80 ou 90 degrés, et l'on continue d'y appliquer la couleur grasse jusqu'à ce que le plâtre en ait absorbé assez : il est alors remis à l'étuve pendant quelques instans, pour qu'il ne reste pas de couleur à sa surface et pour que toutes les finesses de la sculpture paraissent et ne soient pas empâtées. Cette opération étant terminée, on le retire de l'étuve ; on le laisse refroidir à l'air dans un endroit couvert, pendant quelques jours, où plutôt, tant qu'il n'a pas perdu l'odeur de la composition ; on le frotte avec du coton ou un linge fin, et le travail est fini.

Cet enduit remplit tous les pores du plâtre sans laisser rien à la surface, sans former d'épaisseur, sans empâter les finesses de la sculpture, et sans rendre *flous* les traits qui y sont gravés

En mettant de l'or coquille sur les points culminans du plâtre, et le préparant ensuite comme il vient d'être dit, on obtiendrait la patine antique avec le bronze métallique apparent dans les endroits saillans.

Une plus grande quantité de savon de fer dans l'enduit, procurerait facilement la patine rougeâtre que présentent certains bronzes. Le savon de fer seul donnerait une teinte rouge-brun ; les savons de zinc, de bismuth et d'étain imiteraient le marbre blanc.

*Sur divers ouvrages en Mastic bitu-
mineux de la fabrique de MM.
Pillot et Eyquem, rue Hauteville
N°. 17, à Paris.*

Ces ouvrages consistent, 1°., en carreaux rectangulaires propres au carrelage des rez-de-chaussées, des salles
de bain et autres lieux humides. Ils se
composent d'une multitude de petits
cailloux contigus d'égale grosseur à-
peu-près, scellés à chaud dans du
mastic bitumineux, présentant les ca-
ractères des meilleurs mastics de Seys-
sel ou de Lobsann.

2°. En carreaux semblables formés
de cailloux égaux, cassés en deux parties à-peu-près égales, et scellés de
même dans du mastic bitumineux,
la surface de la cassure en dehors.
Cet objet est plus dispendieux en rai-
son d'une plus longue manipulation.

3°. Des cercles dont toute la surface est recouverte de très-petits cailloux noirs et blancs, scellés dans le
même mastic que les précédens, mais
disposés artistement entre-eux de manière à représenter diverses figures,

telles que l'on en dessine dans les carrelages en mosaïque. Ces pièces sont remarquables par la symétrie et la régularité du dessin, qui offre une espèce de rosace.

Voici de quelle manière MM. Pillot et Eyquem préparent ces carreaux en mosaïque. Pour le cailloutage ordinaire, ils placent sur une plaque en fonte des règles de 6 lignes d'épaisseur, parallèlement, et à une distance qui détermine la grandeur des carreaux; on saupoudre cet intervalle avec du sable fin, puis on le remplit de cailloux égaux en grosseur et le plus rapprochés possible; on verse alors le bitume chaud avec beaucoup de précaution pour ne pas déranger les cailloux; il s'insinue dans tous les interstices; on l'étend avec une règle en bois posée de champ, et qui porte par ses deux bouts sur les deux règles qui, par leur épaisseur, déterminent celle des carreaux; on enlève le carreau dès que le mastic est suffisamment solidifié par le refroidissement.

Lorsqu'on veut préparer des cailloutages en gros cailloux cassés, on pose leur surface plane sur la plaque de

fonte, en sorte que les portions irré-
gulièrement arrondies, sont scellées
dans le mastic, et quand on retourne
le carreau, il offre une surface unie
dans laquelle on distingue à peine les
interstices. On parvient à casser les
cailloux en deux parties à-peu près
égales, en les tenant sur une enclu-
me ou sur l'arête d'un *coin*, et donnant un coup sec avec un marteau
aminci en biseau comme ceux qui
servent à tailler les meules de grès.
Des enfans sont chargés de ce travail, qu'ils font à tâche; lorsqu'ils en
ont suffisamment acquis l'habitude,
ils manquent rarement leur coup et
vont assez vîte.

Mosaïque en gros Sable et à Dessins.

On trace les figures sur une feuille
de papier que l'on colle sur la plaque
de fonte; on détermine les dimensions
des pièces quadrangulaires, octogones
ou circulaires, soit avec des règles,
comme nous l'avons dit ci-dessus, soit
avec des châssis ou des cercles. On
choisit d'avance des cailloux blancs et
des cailloux noirs, tous égaux en

grosseur, et dont on remplit deux boî-
tes séparées. Pour avoir des cailloux
bien égaux en grosseur, on les passe
successivement par plusieurs cribles,
et ils subissent encore un triage à la
main. On en noircit en les faisant tor-
réfier pendant deux heures environ,
dans une marmite en fonte, avec
quelques centièmes de leur poids, de
bitume. On suit les traits du dessin en
posant adroitement les cailloux un à
un. Ordinairement on forme les figures avec les cailloux blancs, et l'on
remplit le fond avec les cailloux noirs.
Si ce sont toutes figures semblables et
régulières, on en fait autant en cailloux blancs qu'en cailloux noirs, en
ayant seulement l'attention de les opposer les uns aux autres, afin qu'ils
fassent mutuellement ressortir leurs
formes; dans tous les cas, il convient
de rapprocher les petits cailloux le plus
possible les uns des autres, afin que
le bitume coulé entre chacun ne vienne
pas à déranger les dessins; on opère du
reste, comme il a été dit plus haut,
et lorsque le refroidissement est opéré,
on retourne le *carreau*; il présente
alors les figures que l'on avait dessinées

sur le papier. L'usage seul peut apprendre plusieurs petits *tours de main* nécessaires pour réussir complétement dans ces sortes d'ouvrages.

Pour poser ces pièces de carrelage, il faut d'abord couler une couche de mastic ; on les place dessus, et pendant qu'il est encore chaud, on appuie de manière qu'en rapprochant les carreaux, on force un peu de mastic à monter entre les joints.

4°. Enfin, MM. Pillot et Eyquem offrent dans leur établissement, des carreaux de mastic bitumineux coulés sur toile, sur sable et sur plâtre, qui indiquent autant de modes différens d'exécuter les terrasses couvertes en *bitume*.

Le mastic coulé sur toile présente une surface lisse et parfaitement plane ; les alternatives de *chaud* et de *froid* auxquelles ils peuvent rester exposés ne les altèrent nullement, et n'y occasionent aucune solution de continuité.

~~~~~~

CHAPITRE II.

ORNEMENS D'ARCHITECTURE ; SCULPTURES , MOSAÏQUE , ETC.

Moyen de faire ressortir la Sculpture sur l'Albâtre gypseux (alabastrille), *en creusant et rendant mat le fond sur lequel les Ornemens ou les Figures se détachent.*

Ce procédé est fondé sur la propriété que possède l'alabastrille, ou sulfate de chaux, d'être rongé à la longue par l'au froide, de manière à ce que le poli en soit détruit.

On commence par couvrir les sculptures en relief et toutes les parties destinées à être réservées, d'un vernis insoluble dans l'eau, composé de cire dissoute dans de l'essence de térébenthine mêlée avec de la céruse, ou plutôt d'un vernis de térébenthine, auquel on ajoute
~~~~~~

du blanc de plomb et un peu d'huile animale pour empêcher le vernis de durcir et d'adhérer trop fortement à l'albâtre. L'application se fait avec un pinceau doux, mouillé avec de l'essence de térébenthine, et qu'on y plonge chaque fois qu'on prend du vernis.

Les parties réservées ainsi couvertes, on laisse sécher pendant quelques heures le vase ou l'ornement; puis on le plonge dans un récipient rempli d'eau de pluie froide, et on l'y laisse pendant 48 heures, ou plus long-tems si on le juge nécessaire; ensuite on enlève le vernis avec une éponge fine trempée dans l'essence, et on essuie le vase avec des chiffons doux et bien secs.

Le vase étant ainsi débarrassé du vernis et séché, on y passe une brosse douce et sèche, préalablement trempée dans du plâtre réduit en poudre fine. Cette poudre remplit les pores des parties de l'albâtre qui ont été attaquées par l'eau, et les rend mates; ce qui fait ressortir l'ornement en relief et les parties transparentes de l'albâtre.

Pour nettoyer les ornemens et les sculptures en albâtre, on fait d'abord disparaître, au moyen de l'essence de térébenthine, les taches de graisse, s'il s'en trouve ; ensuite on plonge la pièce dans l'eau, où elle doit rester assez long-tems pour être débarrassée de toutes ses impuretés. Après l'avoir retirée, on la nettoie avec un pinceau bien sec ; on la laisse sécher, et on y passe du plâtre pulvérisé. De cette manière, la pièce sera parfaitement nettoyée, et semblera sortir des mains du sculpteur.

Manière de construire des Carreaux avec des Mortiers colorés, propres à orner des Planchers par divers compartimens.

Les carreaux construits en partie avec des mortiers colorés posés à côté les uns des autres, suivant le dessin que l'on veut représenter, forment des planchers très-agréables, dont les compartimens peuvent être diversifiés à l'infini.

On donne communément à ces carreaux, depuis 8 pouces jusqu'à 12 en carré, sur 8 à 10 lignes d'épaisseur. Le dessus de ces carreaux est fait avec des mortiers colorés dans l'épaisseur d'environ 3 lignes. Le reste de leur épaisseur est d'un mortier plus gros, composé de sable et de ciment.

Le fond du moule employé pour ces carreaux est composé d'un bout de madrier de sapin, de 5 pieds 10 pouces de longueur sur 18 lignes d'épaisseur. Il est blanchi à la varlope, bien dressé et assemblé à languettes et rainures, avec deux alaises qui forment saillie de 4 lignes sur le fond, laissant entre elles un intervalle de 11 pouces.

Pour former les cases où se mouleront les carreaux, on pose sur le fond 2 tringles, joignant les alaises, et avec lesquelles s'assemblent par entailles, des traverses ou linteaux. Ces tringles et ces traverses forment sur le fond une saillie de 10 lignes, et 6 espaces de chacun 9 pouces en carré, ce qui détermine la grandeur des carreaux et leur épaisseur. On maintient solidement l'assemblage de toutes ces pièces, en serrant les tringles sur le fond au moyen de sergens. Ces sergens sont attachés deux à deux à une barre en bois dur qui est entaillée à chaque extrémité pour recevoir les sergens; ils y sont contenus par un petit boulon de fer autour duquel ils meuvent dans les entailles de la barre. Cette même barre est encore traversée par deux vis en bois au moyen desquelles on serre les sergens.

Les moules ainsi montés, étant posés sur deux tréteaux, on remplit les cases de gros mortier jusqu'à environ 3 lignes près des bords en le pressant fortement avec la truelle, et il ne reste plus que 3 lignes pour le mortier fin et coloré. Mais pour que le mortier ne s'attache pas au fond du moule et qu'il s'en sépare aisément lorsqu'on le videra, on pose une toile sur le fond avant d'y placer les tringles et les traverses.

Le gros mortier posé, on achève de remplir les cases avec du mortier fin en le pressant bien avec la truelle et le faisant bomber d'environ une ligne et demie. On laisse le moule dans cet état pendant 5 ou 6 heures et plus si l'on veut, pour donner au mortier le tems de se raffermir pendant qu'on s'occupe à remplir d'autres moules. Quand le mortier du premier est un peu ferme, on le serre dans les cases en se servant d'une presse et d'une pièce de compression. Cette pièce doit être de bois dur et avoir la même forme que le carreau, sur 2 pouces environ d'épaisseur, en observant de lui donner un quart de ligne de moins en grandeur que la case, afin qu'elle puisse toujours y comprimer le mortier dans le cas qu'on ait négligé de la remplir exactement. Il faut encore observer que, pour empêcher que le mortier ne s'attache à la pièce de compression, on le couvre avec un morceau de toile ou de peau de la grandeur du carreau.

Aussitôt que le carreau a été comprimé, on ôte la presse, la pièce et la toile, ensuite on ragrée le dessus en effaçant l'empreinte que la toile y a laissée : on polit le carreau avec un outil de fer aplati des deux côtés et garni d'un manche de bois, ou bien d'une espèce de couteau, dont la lame est mince, flexible et affûtée des deux côtés.

Tous les carreaux du même moule étant ragréés, on les dépose sur un pavé bien uni ; on y renverse le moule afin de pouvoir en enlever le fond et toutes les autres pièces, sans toucher aux carreaux dont le mortier est encore trop mou pour pouvoir être manié ; et voici comme il faut s'y prendre : le moule étant rempli et prêt à être vidé, il faut

qu'en le vidant, les carreaux soient pla-
cés sur le sol dans la même position que
dans le moule, afin que le mortier
fin et coloré se trouve toujours dessus ;
cependant, si on renversait le moule
sens dessus dessous, il en résulterait deux
inconvéniens ; le premier serait que le
dessus des carreaux poserait sur le sol,
et le second serait qu'en renversant le
moule, les carreaux entraînés par leur
propre poids, s'en détacheraient trop
promptement et pourraient se rompre
en tombant sur le pavé, avant qu'on
eût le tems d'y faire poser le moule.

Pour éviter ces difficultés, on pose
sur le moule une pièce parfaitement
semblable au fond du moule ; on l'y ar-
rête en la serrant sur le moule et consé-
quemment sur les carreaux, au moyen
des sergens ; on retourne le moule, et
dans cette situation on ôte le fond ; alors
le gros mortier se trouvant en-dessus
par cette disposition, posera sur le sol,
en y renversant le moule pour le vider ;
mais pour empêcher que les carreaux
ne se détachent trop tôt du moule,
quand on le retourne pour le vider, et
qu'ils ne se brisent en tombant sur le
sol, on fait une feuillure biaise à l'inté-

rieur des tringles et des liteaux. Par ce
moyen les carreaux sont retenus dans
les cases, et le moule se renverse sans
qu'il arrive aucun accident.

Il est encore avantageux pour le pavé
que l'on veut exécuter, que les carreaux
soient coupés de biais sur leur épaisseur,
parce qu'en les posant, il entre dans les
joints des carreaux une plus grande
quantité de ciment, le pavé en est plus
solide et le posage plus facile et mieux
fait.

Après avoir renversé le moule sur le
sol, on le démonte doucement sans toucher aux carreaux. On enlève d'abord
le fond du moule, que l'on pose à part;
on retire les tringles, et les liteaux se
détachent aisément des carreaux, au
moyen d'un petit intervalle qu'on a laissé
entre eux à cette fin. C'est pour faciliter
la séparation de toutes ces pièces,
qu'on a formé sur le côté extérieur des
tringles un double biais en sens contraire, de même qu'à la partie saillante
des alaises. On a également observé de
couper en biais les bouts des liteaux et
les entailles des tringles.

Quand on vide les moules, on les pose
auprès des carreaux que l'on a déjà dé-

posés sur le sol, en ne laissant entre le moule et les carreaux, que la place nécessaire pour retirer la tringle. Aussitôt qu'un moule est vide, il faut avoir soin d'en nettoyer les pièces et d'essuyer le fond pour qu'il ne se déjette pas; et c'est pour empêcher cet effet qu'on le fortifie en y assemblant à queue d'aronde deux barres de bois de chêne, auxquelles on donne 15 ou 18 lignes d'épaisseur. On n'a parlé jusqu'ici que des carreaux dont la forme est carrée et qui ne présentent à leur surface qu'une couleur. On va maintenant donner la manière d'en fabriquer de différentes formes et de diverses couleurs.

Si l'on veut exécuter un plancher imitant la mosaïque, il faut former dans les cases du moule des octogones, en y plaçant aux quatre angles de petites pièces triangulaires ou des secteurs de cercles, lesquels auront la même épaisseur que les tringles et les liteaux, et on n'aura plus qu'à remplir les cases en commençant par le gros mortier que l'on couvrira avec le fin, comme il a été dit ci-devant. En démontant le moule, les triangles se sépareront d'eux-mêmes des carreaux. On pourra néanmoins, pour plus de sûreté, les attacher aux liteaux au moyen d'un petit tenon et d'une mortaise, afin qu'ils ne se séparent pas des liteaux, et qu'ils ne tombent pas trop promptement lorsqu'on videra le moule.

Quant aux petits carreaux de diverses autres couleurs, ils se mouleront dans des cases propres à donner aux uns la figure ronde, et aux autres la forme carrée.

Pour faire les carreaux des planchers variés, il faut renverser l'ordre que vous avez suivi pour remplir les cases de mortier, c'est-à-dire qu'au lieu de commencer par poser dans les cases le gros mortier, vous commencerez par le fin, que vous poserez sur le fond de la case dans l'épaisseur d'environ 3 lignes. Ce mortier, préparé comme il a été dit, ayant la consistance d'une pâte susceptible d'être coupée avec le couteau, étant bien pressé dans la case, vous vous servirez d'un emporte-pièce qui aura la même forme que l'objet que vous voudrez représenter sur le carreau, et avec lequel vous enlèverez le mortier de dessus le fond de la case, et vous remplirez le vide que l'emporte-pièce y aura laissé avec du mortier coloré.

Ces emporte-pièces sont faits avec des petites lames de fer-blanc d'environ un pouce de hauteur.

Pour vider l'emporte-pièce et conserver au mortier qu'il contient, après qu'il en sera sorti, la forme qu'il aura prise, vous vous servirez d'un poussoir. On sent bien que chaque emporte-pièce doit avoir son poussoir. Ces poussoirs doivent entrer aisément chacun dans leur emporte-pièce, sans néanmoins y avoir trop de jeu, et doivent être garnis d'une hampe ou petit manche d'environ 2 pouces de longueur, s'élargissant un peu sur la plaque, au milieu de laquelle il est soudé; ce qui lui donne plus de solidité.

Vous étant muni de ces emporte-pièces et en ayant même deux semblables de chaque espèce, vous formerez promptement des carreaux représentant le dessin que vous voudrez, en y variant les couleurs selon le goût de l'artiste.

Quand on a retiré l'emporte-pièce, il laisse un vide égal à l'épaisseur du fer-blanc entre les mortiers de différentes couleurs; mais on rejoint ces mortiers en pressant un peu le poussoir sur celui qu'on vient de poser dans le creux; étant encore mou, il s'y étend et remplit le vide.

PAVÉS–CIMENS DE LORRAINE.

Dans la ci-devant Lorraine, on forme des pavés de ciment et des terrasses susceptibles du plus beau poli et extrêmement durables; on leur donne dans le pays le nom de *pavés-cimens*. Ils portent immédiatement sur le sol, et ne sont point composés de morceaux rapportés; toutes les parties d'un même pavé sont cohérentes entre elles, et chaque pavé ne forme qu'un seul tout, et comme une dalle unique qui couvre le sol de la pièce. Ce n'est point un pavé d'ornement, colorié à la manière de Venise; il est surtout employé dans les habitations rustiques, dans les caves, et même dans les étables et dans les écuries. Ces pavés présentent une surface très-ferme et bien unie; lorsqu'on les frappe du bout d'une canne, le pavé résonne à peu près de la même manière que cette pierre calcaire, espèce de marbre imparfait qui ne peut se tailler qu'à la pointe d'acier, et que les constructeurs, à Lyon et dans les environs, nomment *pierre de Choin.*

Les matériaux de cette espèce de construction sont uniquement la chaux d'une espèce particulière et le gravier de rivière. Toutes les chaux ne sont pas également propres à cet usage; celle qui y convient le mieux se trouve dans la commune de Richardménil. Richardménil est un village que l'on trouve sur la route de Nancy à Épinal, au moment de descendre dans la vallée de la Moselle, près du pont de Flavigny. La chaux de Richardménil est renommée; on en vient chercher de plusieurs lieues à la ronde, et de cantons où la chaux ordinaire n'est pas rare; ce qui prouve qu'elle n'est ainsi recherchée qu'à cause de ses propriétés particulières. On y prépare deux sortes de chaux, l'une dite chaux grise, et l'autre chaux blanche. La grise est la plus estimée; elle durcit promptement dans l'eau et à l'air, et c'est celle que l'on emploie dans la confection du pavéciment.

Il y a aussi un choix à faire dans le

gravier. Il ne faut pas que la grosseur des cailloux qui le composent excède celle d'une noix ; mais il ne doit pas non plus être trop fin et descendre jusqu'à la ténuité du sable ; la meilleure grosseur serait celle de petites noisettes. Les maçons, dans ce pays, donnent une préférence décidée au gravier de la Moselle, qui est composé de pierres roulées arrondies, la plupart siliceuses et par conséquent dures ; il est passablement net et dégagé de matières terreuses.

On emploie le gravier et la chaux dans la proportion de 4 hectolitres 56 litres de gravier pour un hectolitre de chaux. Pour confectionner une toise carrée de pavé, sur une épaisseur de 3 pouces, il faut employer 77 litres de chaux et 351 litres de gravier.

On fait éteindre la chaux, en ménageant l'eau de manière qu'elle ne surnage jamais. Quand la chaux gonfle et commence à se fendiller, on y jette le cailloutage : cette opération doit s'exécuter le plus vite possible ; on la fait sur le bord de la fosse à chaux, d'où l'on tire la quantité de chaux nécessaire que l'on mêle bien avec le cailloutage, en se gardant d'y ajouter de l'eau. Lorsque le mélange est bien fait, on porte la matière au lieu où on veut la mettre en œuvre ; on doit n'en préparer que la quantité juste que l'on peut employer tout de suite, et conduire le travail de manière qu'il ne soit jamais interrompu. On prend d'ailleurs toutes les mesures nécessaires pour que le ciment soit bien dressé et bien nivelé à la surface. Vingt-quatre heures après la pose, on bat, à petits coups, avec une planche bien droite et bien unie : ce battage, long-tems continué, fait remonter l'eau à la surface, et enfonce les cailloux de manière qu'ils cessent d'être aperçus, et que la superficie du pavé paraît comme s'il n'était entré que de la chaux dans sa composition. On continue à battre de 24 heures en 24 heures, tant qu'on aperçoit de l'humidité : ce qui dure ordinairement une huitaine de jours, et l'on bat de plus en plus fort, à mesure que le pavé durcit.

Dans la confection des pavés que l'on veut soigner d'une manière particulière, on ajoute aux opérations qui viennent d'être dites la manipulation suivante :

Après avoir battu la première fois, on tamise sur la surface une couche très-légère de ciment de brique, et on bat tout de suite ; au bout de 24 heures on bat encore ; puis on tamise une nouvelle couche de ciment plus légère que la première, et on bat plus fort que la première fois ; ensuite on continue à battre de 24 heures en 24 heures, comme il a été dit ci-dessus, sans addition de brique pilée. Au bout d'une huitaine de jours, le pavé se trouve très-dur et avec une surface très-unie. Dans cette opération, on emploie 7 à 8 litres de ciment de brique sur chaque toise carrée ; il faut craindre d'en mettre trop abondamment la première fois.

Le pavé-ciment ne doit pas être placé sur la terre nue ; il faut faire une blocaille de tuileaux ou de pierres, et les gros moellons y conviennent mieux que les petits.

Si la pièce où l'on a établi un pavé de cette sorte est destinée à être habitée par des animaux, il faut laisser passer un mois avant de les y mettre.

On voit que le pavé-ciment n'est, dans le fait, qu'un pouding factice, composé de cailloux siliceux, réunis et agglutinés par un ciment calcaire.

DES PLAFONDS.

Le travail de plafonnage a pour objet d'orner l'intérieur de nos habitations, de dérober aux yeux la saillie brute des poutres et les joints inférieurs des planchers.

Cet art s'étend aussi parfois à la décoration des cheminées et des murs qui entourent un appartement.

Le plafonneur peut même être appelé dans l'occasion à embellir de bas-reliefs différentes surfaces, et sous ce rapport le dessin et la sculpture devraient faire partie de sa profession.

Une argile grasse, de bonne chaux, du sable et de la bourre, sont les matières qu'exige un plafond ordinaire.

Il convient de n'employer que de la bonne argile. Celle-ci se distingue facilement. Frottée contre un corps lisse, la surface frottée devient lisse elle-même dans son état de dessication : pressée contre la langue, elle y happe plus ou moins fortement, à cause de son avidité pour l'eau qui humecte cet organe. Mais on la juge encore mieux en l'humectant légèrement et en la pétrissant dans les mains. Elle doit alors, comme le ferait une cire molle, se prêter à toutes les formes que l'on peut lui imprimer, sans éprouver ni division ni gerçure.

Quand l'argile a subi ces épreuves, et que sa qualité est jugée convenable, on la transporte au lieu de sa destination.

Sa pesanteur spécifique est d'environ 140 livres le pied cube. On verra ci-après ce que chaque ouvrage en peut consommer.

Avant de déposer l'argile en place, il est nécessaire de nettoyer le sol qui la reçoit. On la travaille ensuite en l'arrosant; mais peu à peu, la battant et la pétrissant à l'aide d'une espèce de houe que l'on fait incessamment agir. L'eau ne doit point être prodiguée, car on a besoin d'une pâte qui conserve toujours une consistance moyenne : l'argile jouira alors d'une très-grande ductilité. Mise à demeure ensuite, ses parties en séchant n'éprouveront ni désunion, ni séparation dans la masse totale.

On fortifie d'ailleurs encore la liaison de la pâte, à l'aide d'une *bourre* grossière, ou de *Chenevotte* qu'on y mêle à mesure que l'argile se pétrit.

La bourre est cependant préférable. Quand elle se trouve par touffes ou pelotes, il faut avoir l'attention de la diviser.

Quatre livres pesant de bourre ou de chenevotte suffisent ordinairement pour 3 à 4 pieds cubes de terre.

Le plafonneur, comme le maçon, doit être muni d'un *bassin d'extinction* pour la chaux. Ce bassin, formé de planches réunies et solidement assemblées entre elles, figure une sorte de caisse, longue d'environ 6 pieds, large de 4, et de moitié seulement en hauteur. L'un des petits côtés, à 2 pouces du fond, présente une ouverture large de 5, et du double en élévation. Le but des 2 pouces conservés au-dessus du fond, est de retenir au moins les grosses impuretés, qui, sans cet obstacle, couleraient avec la chaux dans le *bassin inférieur*.

Deux coulisses ajoutées verticalement contre les bords de l'ouverture, maintiennent une trappe de grandeur à la fermer quand l'ouvrier baisse cette trappe. Cet espace, au surplus, doit être garni d'une grille pour s'opposer au passage de tout *biscuit* ou *rigaux* de la chaux.

Le bassin inférieur n'est simplement qu'une fosse dans la terre creusée à 3 ou 4 pieds de profondeur. Ses autres dimensions sont relatives à la quantité de chaux qu'on entend y faire couler.

Si le sol est suffisamment ferme, et qu'on ne craigne point d'éboulement, la tranchée peut être à peu près perpendiculaire.

On place au-dessus de cette fosse l'ouverture du bassin d'extinction. La trappe étant fermée, on remplit celui-ci plus ou moins d'eau, et on y jette la chaux vive.

Le point capital est de bien remuer la matière. *Le rabot* doit agir sans relâche, jusqu'à ce que toute la pierre soit complétement délitée et réduite en bouillie claire. On lève alors la trappe, et le contenu du bassin s'écoule dans la fosse ; il ne reste dans la caisse que les grosses impuretés.

A défaut de grille, les manœuvres se contentent d'opposer au passage des ordures, un balai de bouleau qu'ils élargissent afin d'en diminuer l'épaisseur.

Les grandes variétés qui se rencontrent dans la chaux ne permettent pas de fixer la quantité exacte d'eau qu'il faut pour l'extinction ; cela change considérablement suivant la nature de la pierre et son degré de cuisson. Que la chaux soit parfaitement délayée , et qu'elle soit assez claire pour couler d'un bassin dans l'autre, on aura saisi le vrai point. Un peu trop d'eau ne tirerait même pas à conséquence : l'argile absorbera bientôt le superflu.

Il est bon de préparer d'avance une certaine quantité de chaux. On la laissera reposer 4 ou 5 jours ; en vieillissant elle ne deviendra que meilleure , pourvu qu'on la garantisse de la pluie.

Après s'être approvisionné des matériaux , on s'occupera de l'échafaudage pour leur mise en œuvre.

Pour les appartemens d'une hauteur ordinaire, l'échafaudage du plafonneur est bientôt établi. Quelques *échasses* dressées, tant dans les angles que le long des murs, soutiennent , à l'aide des cordes , et dans une position horizontale, de longues traverses qu'on recouvre de planches.

L'appartement entier doit en être

garni, et leur établissement fixé plus ou moins haut, suivant la stature de l'opérateur, permet d'atteindre à tous les points. Il travaillera commodément, si le plancher n'est pas à plus d'un travers de main au-dessus de sa tête.

Du Lattage.

Les lattes portent communément 44 pouces de longueur, 1 pouce et-demi de large et 3 lignes d'épaisseur. Il ne faut cependant pas s'attendre à tant de régularité pour toutes les lattes d'une même botte, où souvent il est impossible d'en trouver deux parfaitement semblables.

Pour obtenir un *lattage* ferme, on doit clouer les lattes de 11 pouces en 11 pouces. Chacune est alors retenue par 5 clous. Comme néanmoins la carcasse d'un plancher n'offre que rarement, dans les pièces qui la composent, assez de rapprochement pour qu'on puisse ainsi distancer le *clouage*, le plafonneur fait appliquer, d'une solive à l'autre, par le charpentier, de petites barres ou *tambourdes*, dont il noie les extrémités dans les côtés de ces solives, en évitant cependant de creuser trop avant.

Quand la solive est trop faible, il remplace l'entaille par un tasseau.

Les barres placées et clouées doivent s'aligner exactement avec le bas des solives. Cette observation est essentielle. Observez d'ailleurs de n'employer pour les lambourdes que des bois passablement tendres, et peu sujets à se fendre.

Les lambourdes dont il vient d'être question sont des barres raccourcies d'après la distance qui se trouve entre les soliveaux. Le charpentier a soin de les compasser entre elles, de manière que chaque latte qui en a franchi trois, atteigne encore le milieu précis des deux autres. Leur fermeté doit être telle, que le marteau, lorsqu'on latte dessus, ne les fasse pas fléchir. Un bois trop dur n'y convient pas non plus, parce que les clous n'y pénétreraient que difficilement.

Le lattage *jointif* suppose les lattes très-rapprochées l'une de l'autre. Le lattage à *claire-voie* les suppose écartées de plusieurs pouces.

Rien n'est plus simple que l'opération du lattage. Il n'est question que de

clouer, en rapprochant toujours la dernière latte contre les précédentes. Lorsqu'il s'en trouve de trop arquées, et
qui se refuseraient à prendre le parallé-
lisme des autres, on les rompt à demi
dans l'endroit le plus tortueux : alors
elles peuvent être redressées à volonté.

Une *hachette* est l'instrument dont
l'ouvrier se sert ici : c'est un outil moitié marteau et moitié hache.

Le lattage qui vient d'être décrit est
le lattage *jointif*.

De toutes les lattes, les meilleures
sont celles tirées du cœur de chêne.
Celles provenantes de l'aubier sont absolument à rejeter.

Quand les lambourdes ont été convenablement distribuées, et que les lattes, suivant l'expression du métier,
tombent partout *à profit*, la toise carrée de plafond n'en dépense guère que
79. Un juste écartement dans les lambourdes n'est donc pas un objet à né-
gliger.

Au premier aperçu, 395 clous devraient suffire au lattage d'une toise.
Mais d'abord il n'arrivera guère qu'un
plancher, dans sa direction parallèle à
l'alignement des lattes, n'en demande

précisément qu'une, 2, 3, 4, etc., sans addition de bouts pour achever la ligne. Or, chacun de ces bouts n'eût-il que 4 pouces, exigera 2 clous, tandis que sur tout le reste du plafond, 2 clous, l'un portant l'autre, soutiendront plus de 8 pouces 3 quarts de latte. Il faut, en outre, compter la casse des clous, ceux qui font fendre l'extrémité du bois et qu'il faut remplacer par de nouveaux ; tous ceux qu'on double au point où les lattes mal tournées et trop roides ont été rompues, etc. ; alors on trouvera facilement la consommation de 400 clous par toise superficielle de plafond.

Quand les lattes ont 48 pouces de longueur et 2 pouces de largeur, ainsi qu'on les confectionne en bien des endroits, 54 de celles-ci remplissent la toise, et 325 clous suffisent.

Des différentes Couches à donner aux Plafonds.

L'usage est de donner aux *plafonds* 3 couches. La première ne fait guère que recouvrir les lattes à l'extérieur.

Une partie de cette première couche s'insinue dans les petits intervalles qui séparent les lattes, s'élève au-dessus de leur épaisseur, s'affaisse ou se replie de part et d'autre, et forme ainsi d'innombrables crochets qui retiennent la couche dans toute son étendue. De là résulte 1° que les lattes ne rempliraient pas leur destination, si les côtés en étaient parfaitement unis, et qu'ils se touchassent sans interruption; 2° que la première couche ne saurait être trop pressée, trop refoulée de bas en haut, puisqu'à cette condition seule est attachée son introduction entre les lattes, et par conséquent la solidité de l'ouvrage; 3° que la bourre, ou d'autres liens de même genre sont absolument nécessaires, puisque sans eux la matière manquerait d'adhérence, et quitterait les crochets en séchant.

La première et la seconde couche peuvent être entièrement en argile préparée comme il a été dit plus haut. Cette méthode n'est cependant pas la seule en usage. Bien des ouvriers forment les premières couches en *mortier gris.*

Ce mortier gris est composé tantôt d'argile et de chaux (1 tiers de chaux et 2 tiers d'argile) tantôt d'argile, de chaux et de sable, par égales portions.

Ailleurs on exclut totalement l'argile, et alors la matière des premières couches est sable et chaux par égales portions. Le sable graveleux est le meilleur.

Quant à la dernière couche, sa composition est invariable. Elle n'admet que la chaux la plus pure, et la bourre la plus blanche.

Vingt onces de bourre suffisent pour chaque pied cube de toutes ces matières.

Tous ces procédés font de bons plafonds; mais l'argile, en certains cantons, pourrait n'être que très-médiocre et le sable excellent; ou l'argile excellente, et le sable médiocre : il faut donc offrir plus d'un moyen.

Pour l'application des couches, des manœuvres transportent sur l'échafaudage les différentes matières soigneusement corroyées.

L'ouvrier puise dans les *auges* à pleine truelle, charge une *palette* qu'il tient de la main gauche, et qui peut contenir 12 ou 15 livres pesant. Il met en œuvre cette quantité, en l'étendant le plus uniment possible. Quand la palette est épuisée, il a de nouveau recours aux augés qu'on place à sa portée, et que jamais il ne faut laisser vides.

L'étente des couleurs s'exécute avec le dos, ou la partie supérieure de la truelle. Sa tournure ne permettrait pas qu'on l'employât dans l'autre sens.

C'est ainsi qu'on applique successivement les trois couches. Un peu plus d'une ligne suffit à l'épaisseur de chacune : les creux et enfoncemens seuls ont besoin d'être remplis, autrement le plafond n'offrirait pas une surface régulière.

La première couche, pour l'ordinaire, établit le niveau ; les suivantes sont ensuite uniformes dans leur épaisseur. Le point essentiel est de faire régner partout le niveau le plus parfait.

Le poli qui doit terminer l'ouvrage exige l'usage ou maniment libre et facile de la truelle. Il faut ici la promener légèrement, et là en appuyant davantage. La pratique en apprendra plus à cet égard, que tous les préceptes.

Avant d'entreprendre une couche nouvelle, on attendra toujours que la précédente soit raffermie, et même presque sèche. Cette précaution est doublement nécessaire à l'égard de la première couche. Si on la tourmentait et la fatiguait trop tôt d'un poids additionnel, on briserait peut-être les crochets qui la tiennent suspendue, et elle quitterait les lattes. D'ailleurs les crevasses qui naissent inévitablement à mesure que la matière perd son humidité, ne seraient pas ouvertes encore, et ne peuvent point être rebouchées.

Il faut que la seconde couche remplisse les crevasses de la première; et la troisième couche, les crevasses de la seconde, qui dans celle-ci seront presque imperceptibles, si l'on ne s'est point trop hâté.

Des Cloisons en Plafonnage.

De toutes les espèces de cloisons connues, il n'en est point qui moins que celle-ci pèse sur les parquets.

A 9 pouces d'intervalle entre eux, on élève perpendiculairement des montans équarris sur 2 pouces. On les assujettit solidement, puis on les latte de part et d'autre, et le plafonneur revêt les deux côtés à l'instar des plafonds horizontaux. Mais ces cloisons n'ont absolument en leur faveur que la légèreté. Elles sont assez coûteuses et ne rompent qu'imparfaitement le bruit qu'on fait dans les appartemens voisins.

Quand on a l'argile à portée et facilement, il est mieux de latter à *claire-voie*, et de combler en entier le vide des montans. Si l'on appréhende qu'un tel massif n'ait trop de poids, on réduit les montans à 12 ou 13 lignes d'épaisseur.

Du Plafonnage sur les Murs.

Il est inutile d'employer trois couches pour les murs, et la majeure partie des ouvriers s'en tiennent à deux. La première établit aisément le niveau convenable.

Quelle que soit l'épaisseur de la couche, on ne risque pas qu'elle abandonne son point d'appui.

Un mur habituellement humide ne souffre pas le plafonnage.

Du Plafonnage sur Bois.

On sait que le bois ne saisit ni la chaux ni l'argile; pour y fixer ces matières, on a cependant un double moyen : les *hachures* et les clous.

Les hachures détruisent le poli du bois, le hérissent d'espèces d'écailles, et offrent ainsi de nombreuses cavités dans lesquelles se loge le mortier.

Les clous qu'on enfonce jusqu'à 3 lignes de leur tête, produisent le même effet, surtout si la quantité n'en est pas épargnée, et que les têtes aient un certain diamètre.

Le fer doit être recouvert par la première couche; cette attention garantira de la rouille la couche extérieure.

Des Ornemens en Plafonnage.

Les ornemens de plafonnage consistent en *gorges*, *moulures* et *bas-reliefs*.

On appelle *gorge*, cette large bande qui, sous une forme creuse, encadre un plafond, et vient se replier contre les lambris dont elle cache aux yeux plusieurs pouces par en haut.

L'étendue d'un appartement détermine les dimensions des gorges; mais quelque étroites qu'elles soient, elles embellissent toujours le point angulaire qu'elles occupent.

Pour les pousser régulièrement, on applique autour du lambris ou du mur, une tringle en bois, sur laquelle on asseoit le pied de la gorge. Sa partie supérieure se confond avec le plafond, et fait corps avec lui.

Quand tout est sec, on enlève la petite tringle qui devient inutile, puisqu'alors la matière se trouve cramponnée, tant contre le *plafond*, qu'au-dessus du lambris contre les murs.

Un ouvrier expérimenté mène une gorge à la simple vue; et sans tâtonnement, il lui imprime la concavité qui convient. S'il craint de la tordre, il consulte un calibre; mais la tringle d'une part, et de l'autre une ligne empreinte sur le *plafond*, ne lui permettent guère de s'écarter.

Une gorge, qui sur ses bords ne serait point accompagnée de *moulures*, manquerait absolument de grâce; aussi n'en voit-on que rarement d'un pareil genre.

Ces moulures sont formées par une addition de matières, dont on surcharge des parties nouvellement *plafonnées*.

S'il s'agit d'une moulure droite, et de quelque étendue, on renferme la matière entre deux règles parallèles et fermement clouées entre elles. On fait couler au milieu d'elles un calibre, planchette mince, portant en creux sur son champ le dessin qu'on veut produire en relief.

Il faut beaucoup d'usage pour conduire le calibre, et n'emporter rien de trop. Les mains doivent le pousser alternativement en avant et le ramener. Par l'effet de cette pression réitérée, la matière se moule conformément au dessin, et le superflu se trouve emporté par le raclement.

Deux épaulemens retiennent d'ailleurs le calibre, en l'empêchant de se dévoyer et de pénétrer plus profondément qu'on ne voudrait. Partout alors la moulure prend une épaisseur uniforme.

La matière ne doit point être trop molle.

À mesure qu'une longueur est achevée, on détache les règles. Les trous des clous se bouchent à la truelle, avec laquelle on répare aussi les petits défauts.

Si la moulure est courbe, l'ouvrage devient bien moins courant: on n'a plus la ressource des règles conductrices ; on est contraint de s'en fier à la justesse de la main. Toute moulure courbe exige d'ailleurs que d'avance on sillonne une double trace sur la surface qui va la recevoir. On applique la matière entre les traces, et par ce moyen, le calibre a du moins un guide qui dirige sa marche.

Quand on plafonne en hiver, il faut être soigneux de se garantir de la gelée.

Blanchiment des Plafonds vieux et noircis.

Faites tremper de bonne chaux blanche dans de l'eau, et mieux dans du lait. A l'aide d'une brosse, on enduit le *plafond* à deux, trois ou quatre reprises. Il vaut mieux multiplier les couches que de les donner trop épaisses, ce qui les rendrait sujettes à tomber par feuillets. Une couche ne doit succéder à une autre, qu'après dessication parfaite de la précédente.

CHAPITRE III.

DIVERS PROCÉDÉS DE DÉCORATIONS POUR MEUBLES, ETC.

—

Moyen d'Appliquer mécaniquement des Gravures formant décoration sur la Tôle vernie.

LES procédés employés à la décoration des corps solides vernis se réduisent à deux principaux : application immédiate d'une couleur sur le fond et application d'un mordant propre à retenir et fixer sur les parties qui en sont enduites les métaux réduits en feuilles minces, ou des couleurs sèches qui ne s'attachent que sur les parties où le mordant est appliqué. Ces deux procédés sont quelquefois combinés avec un troisième, qui consiste à graver à la pointe certaines parties de la dorure ou de la couleur appliquée, pour produire,

au moyen du fond que l'on découvre,
un effet de clair-obscur.

Un autre procédé, plus rarement employé, consiste à appliquer au pinceau
ou à la plume, des teintes secondaires
sur les couleurs principales dont le décor est composé.

Dans un procédé offert par MM. Gi-
rard, toutes ces manipulations, très-
longues et très-coûteuses, sont rempla-
cées par le travail des planches gravées,
soit en creux, soit en relief, et il n'est
aucun genre de gravure qu'on ne puisse
transporter ainsi sur des surfaces d'une
forme quelconque.

Parmi les opérations dont on vient
de parler, la plus difficile à suppléer
était celle du mordant : on y parvient
cependant en employant deux espèces
d'ingrédiens : le premier n'est autre
chose qu'une substance mucilagineuse
ou sucrée, que l'on réduit en consistance épaisse, et que l'on porte sur du
papier à l'aide d'une planche gravée en
creux ou en relief ; on applique aussitôt
l'or ou l'argent en feuilles, ou une couleur en poudre ; on nettoie avec une
brosse fine les parties qui n'appartien-

nent pas au dessin, et on l'obtient ainsi de la plus grande pureté.

On enduit avec du vernis la surface sur laquelle le dessin doit être définitivement fixé, et lorsqu'il a acquis un degré de dessication suffisant pour happer fortement au doigt, on y applique le papier que l'on a eu soin d'humecter légèrement; on achève alors de le mouiller, et le premier mordant perdant toute sa force, l'ornement reste tout entier sur le vernis, et l'on retire le papier parfaitement net.

Si le dessin ne doit pas être retouché à la pointe, il se trouve fini, et l'on n'a plus qu'à le vernir.

Si l'on veut, au contraire, imiter le travail de la pointe, on exécute la seconde opération, qui consiste à appliquer sur le premier dessin une gravure en bois, en taille-douce, au pointillé, etc. Pour cela, on a une planche qui se raccorde parfaitement avec celle qui a servi à l'application du mordant; on l'imprime à l'ordinaire avec de l'encre à l'huile, de la couleur désirée, et ayant recouvert d'une couche de mordant le dessin déjà exécuté, on y applique l'épreuve de la gravure : alors, en retirant le papier, la couleur reste presque en entier sur le mordant. On peut, de cette manière appliquer plusieurs teintes les unes sur les autres, ou bien les appliquer successivement sur une feuille de papier, en commençant par celles qui doivent paraître sur les autres, telles que les couches de clair.

Le tableau exécuté de cette manière ne produit sur le papier qu'un mauvais effet, étant vu par derrière; mais il paraît tel qu'il doit être lorsque l'ayant appliqué sur le vernis, on a enlevé le papier, ainsi qu'il a été dit ci-dessus.

Ce même moyen s'emploie indépendamment du premier lorsqu'il s'agit d'appliquer une ou plusieurs couleurs immédiatement sur un fond.

Un autre procédé, qui réussit parfaitement pour les dessins en or et en argent, consiste à imprimer sur du papier le dessin à la manière des vignettes de reliures.

On se sert pour cela d'une roulette ou planche de cuivre, sur laquelle le dessin est exécuté en relief; on glaire le papier avec du blanc d'œuf, et lorsqu'il est à-peu-près sec, on y étend l'or et l'on passe dessus la roulette à chaud.

L'or ne s'attache que sur les parties qui ont reçu l'impression de la chaleur, et l'on obtient ainsi des empreintes parfaitement nettes et de la plus grande délicatesse ; le reste de l'opération s'achève ensuite comme dans le premier procédé.

On emploie aussi avec succès des planches gravées sur un corps flexible, tel que du bois mince, du cuir ou du plomb ; on applique le mordant ou la couleur sur cette planche, que l'on met, au moyen d'une pression modérée, en contact avec la surface à décorer.

Un autre moyen qui réussit encore assez bien, consiste à exécuter en creux le dessin sur une planche de métal, à l'aide du clichage ; on huile ensuite légèrement cette planche ; on la couvre d'une couche de 7 à 8 lignes d'épaisseur de blanc d'œuf, et on obtient, par ce moyen, une planche très-flexible, qui peut servir à produire un grand nombre d'empreintes, pourvu qu'on y applique le mordant ou la couleur avec beaucoup de légèreté.

On fait encore usage, pour exécuter des dessins en or et en argent, d'emporte-pièces, au moyen desquelles on

découpe le dessin dans du papier doré
à la gomme ou au sucre; on applique
sur le mordant le dessin ainsi découpé,
et en humectant le papier, on en détache l'or qui reste sur le mordant.

On peut aussi employer le procédé
inverse, c'est-à-dire découper à jour
le dessin dans du papier que l'on colle
sur la pièce à décorer; on applique ensuite les feuilles d'or ou d'argent au travers des trous; mais ce procédé qui
réussit fort bien, n'est applicable qu'à
un petit nombre de cas : on peut se servir de cuivre mince aussi au lieu de papier.

On emploie encore avec succès des
épreuves de gravures tirées avec des en-
cres d'or ou d'argent.

Les gravures peuvent recevoir l'enlu-
minure avant ou après leur transport
sur la tôle, de manière à former de très-
jolis tableaux.

On peut enfin appliquer à la tôle vernie le procédé employé en Angleterre
pour décorer les poteries et la porcelaine; en voici le détail.

La principale manipulation de cet art
consiste à enlever la couleur dont une
planche gravée en taille-douce aura été

recouverte, pour la transporter immédiatement sur une surface plane ou convexe, où l'empreinte du sujet se trouvera ainsi appliquée avec beaucoup de netteté, et susceptible d'y être fixée par des mordans.

Les planches qu'on emploie exigent une taille un peu plus forte et plus large que les tailles-douces ordinaires : voilà pourquoi l'étain, qui d'ailleurs est meilleur marché, réussit mieux que le cuivre pour ce genre de gravure.

Toutes les couleurs, ainsi que l'or et l'argent en coquille, peuvent être employées pour cette impression. Celle qu'on voudrait employer étant supposée noire, on la broie très-fin à l'huile, en consistance de noir ordinaire de taille-douce, et l'on en garnit la planche, qu'on essuie ensuite avec la paume de la main.

On fait fondre d'avance de la bonne colle forte, qu'on a passée au travers d'un linge ; on la verse chaude sur une assiette à fond plat, à l'épaisseur de 2 ou 3 lignes ; il faut qu'elle ait été délayée au degré suffisant pour que, étant refroidie, elle conserve la consistance d'un cuir souple. On la coupe alors en

morceaux de la grandeur de la planche
dont on veut enlever l'empreinte.

On applique ensuite le côté poli de
cette colle sur la planche, en la pressant
de la main jusqu'au *degré convenable*
pour qu'elle saisisse la couleur dans les
traits de la planche; on l'enlève leste-
ment, et on l'applique contre le sujet
qu'on veut peindre, où la couleur se
dépose sur le mordant, sinon en entier
(car la colle en garde assez pour faire
une seconde empreinte assez nette), du
moins en quantité suffisante pour que
le sujet soit bien représenté.

On passe ensuite un grand pinceau
humecté d'eau sur la colle pour enlever
les restes de la première impression, et
la rendre susceptible d'en prendre une
seconde, après avoir de nouveau im-
prégné la planche de couleur, et ainsi
de suite. Le même morceau de colle
peut fournir à un très-grand nombre
d'impressions; il ne cesse de servir que
lorsque son épaisseur est trop réduite
par les couches que le lavage au pinceau a successivement enlevées.

Cette manière d'imprimer est assez
sûre, lorsqu'on a acquis la dextérité
qu'exige l'application de la colle pour

décalquer. C'est en quoi consiste tout l'art; c'est une certaine aptitude qu'on ne peut acquérir que par un peu de pratique.

On a ajouté quelques perfectionne-mens aux procédés que nous avons décrits.

Au lieu de construire en bois, en cuivre, ou de toute autre manière, les planches en relief dont on doit se servir pour transporter des dessins et gravures sur les objets vernis, on fait d'abord exécuter le dessin en creux, et on moule dans ce creux des planches en colle forte ramollie, ou en gomme élastique rendue malléable par son infusion dans l'éther, ou encore en cuir bouilli ou en carton. Ces nouvelles planches servent parfaitement pour appliquer immédia-tement sur les objets vernis les couleurs dont elles sont enduites; on peut, au moyen de ces planches flexibles, appli-quer même le mordant pour les do-rures; ce qui remplace le procédé dé-crit pour exécuter les dessins à l'or.

On exécute encore des planches flexi-bles, en découpant le dessin dans du cuir, du liége très-mince, ou du carton que l'on colle sur du cuir ou sur d'autre

carton : le relief obtenu par ce moyen
est très-net, et ces planches peuvent
servir long-tems.

Les papillons pouvant, par la vivacité de leurs couleurs, devenir un objet
de décor très-élégant, on les emploie
en nature en les appliquant sur le mordant, sur lequel la poussière de leurs
ailes s'attache et conserve toute la beau-
té de ses nuances.

Un moyen très-simple d'exécuter sur
le vernis des ornemens imitant le guilloché, est fondé sur la propriété qu'ont
les huiles de ramollir les vernis, et de
les rendre solubles dans l'essence de
térébenthine : toutes les gravures peuvent servir à cet usage. On applique sur
le vernis à moitié sec la gravure fraîche;
on enlève le papier ; on laisse durcir la
pièce ; on lave avec de l'essence jusqu'à
ce qu'on ait enlevé la gomme : chaque
trait se trouve alors très-purement exécuté en creux sur le vernis. On dore
sans ajouter d'autre mordant que l'essence, et l'on obtient une dorure très-
brillante, et sur laquelle le dessin se
trouve rendu à la manière du guilloché.

La gomme et d'autres corps mucila-
gineux jouissent de la propriété de for-

mer avec le vernis, même sec, une combinaison soluble dans l'eau ; si l'on trace avec une couleur gommée un dessin sur une surface vernie et polie, et qu'on laisse le dessin pendant quelque tems sur la pièce, il se trouvera exécuté en creux lorsqu'on lavera la pièce à l'eau pour enlever la couleur ; ce moyen pourrait être employé comme l'autre.

Il existe un procédé fort simple pour obtenir une dorure brillante ; c'est d'enduire la pièce de vernis, et de la frotter ensuite avec du coton jusqu'à siccité : ce vernis conservant encore un peu de mordant, l'or s'y applique facilement ; il est infiniment plus brillant que par le procédé ordinaire. On imprime ensuite sur l'or le dessin en vernis transparent par l'un des moyens indiqués plus haut ; on fait durcir le tout, et on lave la pièce à l'essence pour enlever l'or qui n'est pas couvert ; le dessin reste net. Si quelques parties d'or ne se détachent pas, on les enlève en ponçant très-légèrement.

On obtient à peu près le même effet par le procédé indiqué plus haut pour la dorure guillochée.

Des Dessins pour la Broderie.

Tous les genres de broderie exigent un dessin arrêté à l'avance , et sur lequel le progrès du travail se règle. Tantôt ce dessin est tracé sur le fond à broder , lui-même, et tantôt c'est sur un fort papier dont l'empreinte reste visible à travers le tissu qui fait ce fond. Dans ce dernier cas, le dessin est fixé sous l'étoffe, au moyen de points allongés ou de faux-fils qui s'enlèvent facilement quand la broderie est terminée. Quand on a brodé toute la partie qui recouvre le dessin , on enlève celui-ci et on le fixe plus loin, pour recommencer encore ce mouvement progressif selon le besoin et l'étendue de l'ouvrage.

L'autre procédé , qui consiste à tracer le dessin sur le fond même, est plus long , mais une fois exécuté, le travail en devient plus facile et plus régulier.

Pour l'exécution, on fait ce qu'on appelle un *poncé* ou *poncis*. Cela consiste à piquer tous les contours du dessin porté d'abord sur le papier, avec une aiguille fine ; après quoi, on pose d'aplomb le dessin sur l'étoffe, en évitant les frottemens qui refermeraient les trous faits dans le papier. Dans cet état, on prend un morceau de toile un peu serrée, dans laquelle on a enfermé d'avance, en attachant fortement ce sachet, de la poudre de charbon de saule très-fine. Ceci s'appelle un *nouet*, et on le passe sur toute la surface supérieure du papier piqué. On frappe à petits coups répétés ; la poudre contenue dans le nouet s'en échappe, et venant à couvrir le papier, elle pénètre par les piqûres qui marquent le dessin et le reproduisent sur l'étoffe ou le fond du dessous. Les trous doivent être très-fins et assez rapprochés pour offrir presque un trait continu.

Comme la poudre de charbon est très-légère et ne s'attache que difficilement sur les corps, elle craignait beaucoup toute espèce de frottement, et il était bien difficile de conserver une trace, tant soit peu régulière, des dessins. On ne pouvait obvier à ce grave inconvénient qu'en traçant avec un crayon la ligne *poncée*.

MM. Rival et Rigoudet ont pris un brevet d'invention actuellement ex-

piré, pour l'emploi d'une poudre rési-
neuse sèche, fortement teinte et susceptible de se tamiser très-finement. Ils
substituent cette poudre à celle de charbon, et lorsque le dessin en est semé,
ils recouvrent l'étoffe d'un papier blanc,
et passent dessus ce papier un fer très-
chaud qui ramollit la poudre et la fixe
sur le fond à broder. Leur poudre est
un composé de mastic en larmes fondu dans un creuset, avec la trentième
partie de son poids de cire blanche. A
cette matière, on ajoute assez de noir
de fumée léger pour colorer convenablement la composition, que l'on remue continuellement pendant sa fu-
sion, avec une spatule en fer. On coule
dans des moules de cartes pliées en forme
de bateau. Après refroidissement com-
plet, la matière est pulvérisée et finement tamisée. On la conserve dans un
lieu frais où la poudre ne soit pas susceptible de se ramollir et de s'agglu-
tiner.

Comme on a quelquefois besoin que
cette poudre reste blanche pour se détacher sur un fond de couleur foncée,
le noir de fumée est remplacé par du

blanc de plomb très-beau, qui porte, dans le commerce, le nom de *blanc-d'argent*.

On sent combien il est essentiel de ne pas répandre de cette poudre sur d'autres points de l'étoffe que ceux marqués par le dessin, et que la broderie doit recouvrir.

La couleur jaune ou la verte sont ce qu'il y a de mieux pour le papier de broderie, parce que la vue en est d'autant moins fatiguée. Pour donner une certaine fermeté à ce papier, sans cependant qu'il devienne trop roide, on a coutume de le doubler par un faux-fil, d'un autre papier.

L'étoffe étant tendue sur une espèce de métier, il devient très-facile de suivre dessus, avec un crayon, le dessin qu'on y a attaché avec des épingles pour qu'il ne se dérange pas. C'est de cette manière qu'on dessine le taffetas, et même la percale; ces étoffes étant exactement tendues, on voit facilement au travers.

DIVERS PROCÉDÉS.

Marbrures, Jaspures et Granitage.

Le marbreur est un ouvrier qui s'occupe de l'imitation des nuances irrégulières du marbre, sur divers sujets.

Les outils dont le marbreur se sert consistent : 1° En un baquet formé de planches de chêne bien ajustées, de manière à contenir parfaitement l'eau. 2° Un petit bâton rond. 3° Quelques vases de terre pour renfermer les couleurs et les diverses préparations. 4° Un petit fourneau. 5° Une pierre à broyer ou porphire, avec sa molette.

Le baquet, d'une forme rectangulaire, a 3o pouces de long sur 18 à 2o pouces de large et 3 pouces de profondeur. Voilà les dimensions requises quand le marbrage doit s'appliquer aux livres; mais elles peuvent varier selon l'espèce d'ouvrage qu'on a en vue.

Préparation de la Gomme.

On met dans un vase propre un demi-seau ou environ 7 à 8 litres d'eau, et on y fait fondre à froid 3 onces de gomme adragante, en remuant de tems en tems pendant cinq à six jours; c'est ici ce qu'on peut appeler l'*assiette* ou le *matelas*; c'est la couche avec laquelle les couleurs ne doivent pas se mêler, comme on le verra par la suite.

On doit toujours avoir de la gomme préparée, plus forte que celle que nous venons d'indiquer, afin de pouvoir à volonté augmenter la force de celle-ci, lorsqu'on en fera l'épreuve.

Préparation du Fiel de bœuf.

On verse dans un plat un fiel de bœuf, auquel on ajoute une quantité d'eau égale à son poids, et l'on bat bien ce mélange; après quoi on y ajoute 18 grammes de camphre qu'on a préalablement fait dissoudre dans 25 grammes d'alcohol; on bat bien le tout ensemble et l'on filtre au papier Joseph. Cette préparation doit se faire au plus tôt la veille du jour auquel on veut marbrer; sans quoi elle risquerait de de se gâter.

Préparation de la Cire.

Sur un feu doux et dans un vase vernissé, on fait fondre de la cire vierge ; aussitôt qu'elle est fondue, on la retire du feu et on y incorpore petit à petit, et en remuant continuellement, une quantité suffisante d'essence de térébenthine, pour que la cire conserve la consistance du miel. On reconnaît qu'elle a une fluidité convenable, lorsqu'en en mettant une goutte sur l'ongle et la laissant refroidir, elle coule comme le miel. On ajoute de l'essence lorsqu'elle est trop épaisse.

De même que le fiel de bœuf, la cire ne doit pas être préparée trop longtems à l'avance.

Des Couleurs.

On ne doit jamais employer, pour la marbrure, des couleurs extraites des minéraux, excepté les ocres ; tout le reste doit être végétal. Les couleurs minérales sont trop lourdes, et ne pourraient pas être supportées à la surface de l'eau gommée.

Pour le jaune, on prend la laque jaune de gaude. Le jaune doré se fait avec la terre d'Italie naturelle.

Pour les *bleus* de différentes nuances, on emploie l'indigo flore.

Pour le *rouge*, on se sert du carmin ou de la laque carminée en grains.

Le *brun* se fait avec la terre d'ombre.

Le *noir*, avec le noir d'ivoire.

Le *fiel* seul produit le blanc.

Par le mélange du bleu et du jaune on fait les *verts*; du rouge et du bleu, on fait les *violets*; du jaune et du rouge on fait les *aurores*; etc. tout comme dans la peinture ordinaire.

En employant seulement et sans les mêler, comme nous allons l'indiquer, la terre d'Italie, l'indigo flore et la laque carminée, on peut faire de très-belles tranches qu'on varie à l'infini.

Préparation des Couleurs.

On ne saurait broyer les couleurs trop finement; on les réduit en consistance de bouillie épaisse, sur le marbre ou porphire, avec de la cire préparée et de l'eau dans laquelle on a versé quelques gouttes d'alcohol. Lorsque les

couleurs sont broyées , on en prend
avec le couteau à broyer , on le renverse , et elles doivent tenir dessus. Au
fur et à mesure qu'on a broyé une couleur , on la met dans un pot à part :
elles doivent être toutes séparées.

Préparation du Baquet à marbrer.

Dans le vase qui renferme la gomme
préparée , qui doit être en assez grande
quantité pour occuper, dans le baquet ,
la hauteur d'un pouce au moins , on
verse 200 grammes d'alun en poudre
fine ; on bat bien pour dissoudre l'alun.
On prend une cuillerée ou deux de cette
eau , ainsi préparée , qu'on verse dans
un pot conique semblable aux pots à
confitures. C'est avec cette petite quantité qu'on fait les essais pour s'assurer
si l'eau gommée a trop ou trop peu de
consistance.

On prend un peu de la couleur qu'on
a délayée en consistance suffisante avec
du fiel de bœuf préparé ; on en jette
une goutte sur la gomme dans le pot
conique , et on l'agite en tournant avec
un petit bâton : si elle s'étend en formant bien la volute sans se dissoudre

dans la gomme, celle-ci est asssez forte; si, au contraire, la couleur ne tourne pas, l'eau gommée est trop forte, il faut y ajouter de l'eau, et la battre fortement de nouveau; mais si la couleur s'étendait trop et se dissolvait dans l'eau gommée, on ajouterait de l'eau gommée forte de la réserve. Toutes les fois, au surplus, qu'on ajoute de l'eau ou de la gomme, on doit battre fortement l'eau, afin que le mélange soit parfait. A chaque essai que l'on fait, on doit jeter l'essai précédent dans un vase à part, et reprendre de nouvelle eau gommée. Lorsqu'on a amené cette eau au point de consistance voulu, on la passe au tamis et on la verse dans le baquet à la hauteur d'un pouce, comme nous l'avons dit.

Le baquet ainsi disposé, on colle toutes les couleurs avec le fiel de bœuf préparé, et l'on fait ensorte qu'elles ne soient ni trop consistantes ni trop liquides. Plus on met de fiel, et plus elles s'étendent sur l'eau gommée. La couleur qu'on jette la première est la moins collée; celle qu'on jette par-dessus l'est un peu plus, et ainsi de suite. Le rouge, par exemple, est la première qu'on jette. Toutes les fois qu'on jette une couleur sur une autre, celle-ci est étendue par la dernière, qui la pousse de tous les côtés; et plus le nombre des couleurs est considérable, plus la première est étendue et occupe de place. Lorsque toutes les couleurs qu'on veut employer sont jetées, si l'on désire que la marbrure présente des volutes, on enfonce le bâton verticalement, et on l'agite en faisant la spirale.

On jette la couleur avec des pinceaux que l'on peut fabriquer soi-même. On prend pour cela des brins d'osier d'un pied environ de longueur et de 2 lignes de diamètre. D'un autre côté, on a fait choix, pour chaque pinceau, d'une centaine de soies de porc de la plus grande longueur possible; on arrange ces soies de porc tout autour de l'extrémité la plus mince du brin d'osier, et on les lie fortement avec de la ficelle. Ces pinceaux, dont les soies sont longues, ressemblent assez à un petit balai; à l'aide de ces pinceaux on jette çà et là, sur la surface de l'eau gommée, la première couleur; sur le milieu du tas de celle-ci

une seconde couleur, puis une troisième, etc.; de sorte qu'en s'étendant,
les paquets de ces couleurs se rappro-
chent les uns des autres : ensuite on les
agite en tournant en spirale lorsqu'on
le juge nécessaire. En voici un exemple.

Supposons qu'on veuille former une
marbrure qu'on désigne sous le nom
d'*œil de perdrix* : on a préparé deux
sortes de bleu avec l'indigo flore; l'un,
tel que nous l'avons indiqué plus haut,
et que nous désignerons sous le nom
d'*indigo* n° 1, l'autre, qui est le même
indigo qu'on a mis dans un vase à part,
et auquel on a ajouté une plus grande
quantité de fiel préparé, que nous dé-
signons par le n° 2. On jette : 1° la
laque carminée; 2° la terre d'Italie;
3° l'indigo n° 1; 4° l'indigo n° 2, auquel on ajoute, avant de le jeter, 2
gouttes d'essence de térébenthine, que
l'on remue bien; puis on agite en volute lorsque cela est nécessaire.

Le bleu n° 2 fait étendre toutes les
autres couleurs, et donne ce bleu clair
pointillé qui produit un si joli effet.
C'est à la seule essence de térébenthine
qu'est due cette propriété. On peut in-
corporer cette essence dans toutes les

couleurs qu'on voudra jeter les dernières; elle serait sans effet si on l'incorporait dans les précédentes.

Pour le papier marbré, au lieu de bâtonnet, on se sert de peignes dont les dents sont plus ou moins espacées entr'elles, pour former les volutes ou toute autre figure que l'on désire et qu'on peut varier à l'infini.

Toute l'adresse consiste à poser convenablement la feuille de papier à plat sur la surface de l'eau gommée qui supporte les couleurs, et à la retirer sans les déranger. Pour cela l'ouvrier prend d'une main, entre le pouce et l'index, la feuille par le milieu d'un des petits côtés, et de l'autre main, entre les mêmes doigts, le milieu du côté correspondant; il couche la feuille sur le baquet et la relève ensuite sans la laisser glisser sur la gomme. Il la place de suite sur un châssis, la couleur en dessus, pour faire écouler l'eau et la faire sécher.

Cette feuille terminée, il en marbre une seconde; mais il a soin d'ajouter des couleurs au fur et à mesure qu'il y en a d'enlevées.

Lorsque les feuilles sont sèches, on les cire, on les lisse et on les plie.

De la Jaspure ou Granitage.

Les couleurs les plus usitées pour la jaspure des papiers, sont le rose tendre, le jaune, le bleu clair, le vert pâle, le gris. Pour le *rouge*, on prend le vermillon ; pour le *jaune*, le jaune de chrome ; pour le *bleu*, le bleu de Prusse ; pour le *noir*, du charbon de braise lavé. On broie toutes ces couleurs à l'eau sur le porphyre, avec la molette, en y ajoutant une quantité suffisante de blanc de plomb pour en affaiblir la nuance au point convenable. Lorsque les couleurs sont parfaitement broyées, en les délaie avec de la colle de parchemin ou de farine suffisamment liquide et bien nette. On met chaque couleur dans un vase particulier.

On ne jaspe ordinairement que sur le fond blanc, ou fond jaune, ou gris, ou rose très-pâle.

On peut jasper en deux ou même en un plus grand nombre de couleurs ; mais on ne doit jamais employer la même couleur du fond, à moins que celle-ci ne soit d'une nuance plus claire, et que celle dont on se sert pour la jaspure ne soit très-foncée; sans quoi la jaspure n'aurait pas d'effet. On jaspe sur le jaune, d'abord avec le bleu clair, et ensuite avec le rouge. Sur le rouge, avec le bleu un peu plus foncé que sur le blanc, ensuite avec le jaune foncé.

Le vert mêlé dans les jaspures produit aussi un très-joli effet, lorsqu'il y est introduit avec goût. On se sert pour cela du *vert de vessie*, qui n'a pas besoin d'être broyé; il se délaie facilement dans l'eau, et il porte sa gomme ou sa colle. On le mêle avec plus ou moins de *gomme-gutte*, qui se délaie de même dans l'eau, et par son mélange en proportion plus ou moins grande, donne des nuances très-variées et extrêmement agréables. Il se combine très-bien avec le jaune, le bleu, le rouge, dans les jaspures.

Les jaspures sur fond blanc ou sur fond gris très-clair, produisent un joli effet, même quand elles sont faites avec plusieurs couleurs, mais non pas entassées, et qu'elles sont distribuées avec goût.

Les peintres en décors donnent une

dénomination plus raisonnable à la jaspure, et plus analogue à son effet : ils l'appellent *granit*, et ils l'emploient pour garnir les lambris des appartemens ou les parties inférieures des maisons au dehors. La seule différence consiste en ce que les peintres en bâtimens se servent pour l'extérieur et pour les endroits bas sujets à l'humidité, de couleurs à l'huile; tandis qu'ailleurs on emploie des couleurs à la colle ; mais les procédés du *granitage* sont les mêmes.

Procédé pour Fabriquer le Papier imitant le Maroquin. Par M. Bochon, de Strasbourg.

On se procure une colle animale *grasse*, soit en se servant de la colle forte ordinaire, blanche, qu'on fait bouillir avec une quantité convenable d'eau, en y ajoutant un peu de graisse ou d'huile, qui, lorsqu'elle sera refroidie, surnagera, et que l'on a soin d'enlever avec une cuiller ; soit en employant toute autre matière animale propre à fournir une colle, comme raclures de parchemin, pieds de moutons, de veaux, etc. L'ébullition sera plus ou moins longue,

suivant la nature des objets et jusqu'à
ce que la colle ait acquis la consistance
de gelée , que l'ouvrier peut réchauffer
quand elle est refroidie. On se sert
de pinceaux ordinaires pour l'étendre.
Après s'être procuré un beau papier
blanc fort et bien collé, on y passe une
légère couche de la colle susdite; cette
couche bien séchée , on répète l'opération, et jusqu'à 4 et 5 fois , toujours en
faisant sécher dans chaque intervalle.
Le papier ainsi préparé, on y applique
la couleur, en le plaçant dans un baquet carré, sur une petite planche; on
a un pinceau à peu près comme celui
dont on s'est servi pour donner la couche de colle; on verse la couleur liquide sur le papier et on l'étend avec
le pinceau aussi également que possible;
on continue ainsi jusqu'à ce que la colle
soit suffisamment imbibée de la couleur,
suivant qu'on veut avoir celle-ci claire
ou foncée. Souvent on est obligé de
faire sécher la première couche et d'en
donner une seconde, afin que la colle
ne s'enlève pas étant trop mouillée; on
prend alors une petite éponge suffisamment humectée d'eau , et on enlève les
parties de la couleur qui sont restées

sur la surface de la feuille sans y entrer ;
ensuite on fait sécher, toujours en
étendant le papier sur des ficelles.

Les couleurs se préparent de la manière suivante :

Pour le *rouge*, on fait une décoction
de bois de Fernambouc, mêlé avec un
peu de graine d'Avignon, pour lui donner une teinte d'écarlate, et la quantité
ordinaire d'alun, afin de bien extraire
les parties colorantes et de les fixer.
L'on passe ensuite au filtre, ainsi que
toutes les autres couleurs.

Pour le *violet*, on fait une semblable
décoction de bois du Brésil, en y ajoutant un peu de vinaigre.

Pour le *bleu*, on prépare une dissolution ordinaire d'indigo dans l'acide
sulfurique, qu'on mêle avec une suffisante quantité d'eau ; on verse le tout
sur une quantité proportionnée de
craie pilée, jusqu'à ce que la liqueur
ait acquis une saveur douce.

Pour le *jaune*, on fait une décoction
de graine d'Avignon avec de l'alun.

Pour le *vert*, on fait un mélange du
bleu et du jaune ci-dessus décrits, suivant la nuance qu'on désire.

Pour le *noir*, on prépare une dissolution de couperose dans l'eau, où l'on trempe une éponge, qu'on passe sur une feuille teinte en violet avec le bois de Brésil, jusqu'à ce que le noir soit assez vif. En portant de cette dissolution sur des feuilles teintes en rouge, mais en petite quantité, on obtient du *brun*. La couleur *nankin* ou de *peau* ou *basane* se fait par le mélange du rouge et du jaune; le *gris*, par un mélange de bleu violet et de dissolution de couperose avec beaucoup d'eau, à moins qu'on ne le demande bien foncé.

Le papier étant coloré de la manière ci-dessus indiquée, et bien séché, on y passe une couche de la même colle, afin de lui donner du lustre; lorsqu'il est sec, on passe légèrement dessus avec un éponge trempée dans une dissolution d'alun, de nitre et de cristaux de tartre dans l'eau à parties égales, afin de coaguler les parties glutineuses et de les préserver de l'action de l'eau. Ce papier ainsi humecté est étendu sur une planche de cuivre gravée soit en long, soit en petites raies, et passé ensuite entre les cylindres d'une presse ordinaire d'imprimeur en taille-douce:

de cette manière il acquiert le grain du maroquin.

CHAPITRE IV.

NETTOYAGE ET ENTRETIEN DES MEUBLES ET OBJETS DE DÉCORATION.

—

Pâtes et Liqueurs pour Nettoyer et Lustrer.

Le luxe mis dans l'ameublement des maisons est porté si haut, aujourd'hui, que l'entretien d'un mobilier est souvent une tâche difficile ; il est peu de ménages dans lesquels on ne soit obligé d'avoir, de tems en tems, recours à l'ouvrier pour cet objet, ce qui occasione des dépenses assez fortes, et ce qui nuit à la solidité et à la durée des meubles, qu'il faut souvent déplacer et renvoyer à l'atelier de l'ébéniste. Avant l'emploi du bois d'acajou et des autres bois étrangers, nos principaux meubles , fabriqués en chêne et en noyer, étaient entretenus propres et luisans au moyen de la cire jaune étendue par frottement à leur surface. Cette opération qui était pénible le devint davantage lorsque les meubles furent plus recherchés et plus nombreux. Les ébénistes ne se contentant plus alors de ce moyen, on chercha à le remplacer par un procédé plus expéditif, et qui pût, d'ailleurs, donner plus d'éclat aux meubles; on pensa à se servir de la dissolution de cire dans l'essence de térébentine. Ce procédé est aujourd'hui généralement employé dans les ateliers, mais il ne l'est pas dans nos ménages, et il est de fait qu'il y manque encore un bon moyen de nettoyer et d'entretenir propres et luisans, cette foule de meubles et d'ustensiles de toutes espèces qui forment le mobilier d'une maison.

M. Goyon a pensé qu'il serait utile de s'occuper de ce genre d'industrie. La recette publiée par *Tingry*, tome 1 page 146 de son *Traité sur les Vernis*, paraît avoir servi de base au travail de M. Goyon; mais il a perfectionné la composition indiquée par cet auteur , et il a modifié la préparation de cette espèce de vernis pâteux de manière à satisfaire à tous les besoins, et à le rendre propre à l'entretien et au cirage des divers meubles et ustensiles de nos ménages.

En employant les trois compositions qui ont été présentées à la société d'encouragment, par M. Goyon, les commissaires nommés pour en faire l'examen, ont trouvé qu'on redonne facilement du lustre aux marbres, aux cuirs, aux bois, aux métaux vernis, à la reliure des livres, etc.

Instruction pour l'emploi des substances propres à Nettoyer les Meubles vernis ou cirés, les Reliures de toutes espèces, les Tôles vernies, les Métaux, etc.

1°. *La pâte* ou *pommade* recommandée par M. Goyon comme pouvant rendre leur premier éclat aux meubles vernis et cirés, en bois indigènes ou exotiques, rétablir le poli des marbres altérés par une longue exposition à l'air; remettre à neuf les reliures, les tôles vernies etc., s'emploie de la manière suivante :

Après avoir passé une éponge ou linge imbibé d'eau froide sur le meuble pour en enlever les taches ou le décrasser ; ce qu'on doit s'abstenir de faire sur les reliures, on l'essuie avec soin, puis on prend de la pâte au bout du doigt, et de la grosseur, à la fois, d'un petit pois, et on l'étend autant que possible et sans la laisser sécher. On frotte légèrement avec un chiffon de flanelle, de molleton ou de tricot de laine, et lorsque la partie grasse a disparu, il suffira d'essuyer avec du vieux linge fin pour enlever ce qui pourrait rester d'humide. On continue ainsi pour les autres parties du meuble.

Pour nettoyer les marbres, il faut les laver préalablement avec moitié d'eau de rivière et moitié d'eau seconde, qui est une faible solution de potasse, dans laquelle on aura fait dissoudre du savon noir ; on essuie, puis on y étend la pâte comme il vient d'être dit. Les taches produites par des acides disparaissent difficilement, ce qu'on cherchera néanmoins à obtenir en frottant dessus avec du liège et de la mine de plomb.

Pour cirer les bois de fusil et tous les

autres objets en bois non vernis, on y étendra la matière en plus grande quantité, afin de remplir convenablement les pores.

Les meubles vernis sont souvent marqués de taches grasses, qui ne disparaissent par aucun lavage ni frottement. Ces taches sont l'effet de l'huile de lin non desséchée, qui repousse sous le vernis : pour les faire disparaître, l'on passe dessus et sans frottement, un linge imbibé d'esprit-de-vin, et de suite on saupoudre avec de la pierre-ponce pulvérisée très-finement : au bout de vingt-quatre heures, cette huile sera entièrement desséchée, et l'on s'en assurera en lavant avec de l'essence de térébenthine, que l'on essuiera. On restitue ensuite l'éclat au vernis, avec la pâte ainsi qu'il a été expliqué.

2°. *Liqueur pour Nettoyer les Métaux.*

Cette liqueur, qui ne recèle aucune matière corrosive, a la propriété de nettoyer et d'enlever les taches et l'oxide sur le fer, le cuivre, le fer-blanc, l'argent et le plaqué, sans attaquer les dorures et l'argenture, et en leur donnant l'éclat le plus vif et toute la fraîcheur du neuf.

Pour s'en servir, on commence par agiter le flacon qui la contient ; puis, avec le bout d'une barbe de plume ou un petit pinceau, on l'étend sur le métal à nettoyer ; l'on frotte vigoureusement avec du drap ou de la flanelle, et l'on essuie avec du vieux linge bien propre : plus on renouvellera le frottement après avoir passé la liqueur, plus on obtiendra de vivacité dans le poli.

Si l'on veut nettoyer des bijoux en or, argent, acier, etc., taillés à facettes, on emploiera la liqueur avec une brosse, et l'on essuiera, en frottant et usant dessus du papier brouillard.

Les dorures au mat ne peuvent pas se nettoyer avec cette liqueur.

3°. *Cirage pour les Cuirs vernis et cirés.*

Les selliers et les carrossiers ne connaissent d'autre moyen de nettoyer les cuirs vernis que d'y passer de l'huile d'olives ; mais les cuirs nettoyés de cette manière ne conservent pas long-

tems leur éclat : le frottement, l'eau et
la poussière y forment un onguent,
qu'il faut enlever chaque fois. Le cirage
de M. Goyon n'a pas cet inconvénient ;
il ne dessèche pas non plus le cuir, et
il donne au vernis le même brillant
qu'étant neuf ; enfin il résiste très-long-
tems à l'eau, et la poussière ne saurait
s'y attacher.

Ce cirage s'emploie de la même manière que la pâte n° 1 ; on n'en doit
mettre qu'une petite quantité à la fois ;
on l'étend, on le frotte et on essuie
avec de la flanelle.

M. Goyon a publié des tarifs de ses
produits, d'où nous tirons les prix qui
suivent :

1° La pâte pour nettoyer les meubles.

Le pot de 2 onces........   1 f.

ou   10 f. la liv.

2°. La liqueur pour nettoyer les métaux.

Le flacon...............   1 f.

ou   10 f. la liv.

3°. Le cirage pour les cuirs.

Le pot de 2 onces........   75 c.

ou   8 f. la liv.

NOTE

Sur les Liqueurs faisant Vernis pour Ornemens et Décorations des appartemens, et qui sont exemptes d'huile ou d'essence.

UNE composition de ce genre, très-remarquable par le succès qu'on en obtient et la combinaison parfaite des ingrédiens, est celle offerte depuis près de 25 ans au public, par madame Cosseron sous le nom de *Couleurs lucidoniques*. On ne saurait donner trop d'éloges à l'entreprise de cette dame, qui aura d'autant plus de succès que la connaissance s'en répandra davantage dans le public. Une seule circonstance pourrait ralentir l'emploi des couleurs lucidoniques, c'est l'élévation du prix, qui surpasse un peu celui des vernis ordinaires.

Nous avons examiné par des moyens assez certains le véhicule dans lequel madame Cosseron délaie ses couleurs.

Notre intention n'est pas de publier cette analyse ; mais nous croyons être utile en faisant connaître une composition à laquelle nous avons été conduit pas nos recherches sur les moyens à employer pour suppléer, à meilleur marché , à toutes les préparations offertes jusqu'ici, et dans lesquelles on a voulu éviter l'huile et l'essence , avec les inconvéviens qui sont inhérens à leur emploi.

On sait depuis long-tems que les corps gras , et la cire en particulier, deviennent miscibles à l'eau par l'intermède de la gomme , de la gélatine , et que cet effet est d'ailleurs singulièrement accéléré par la présence de la proportion la plus minime d'alcali et par celle de l'alcohol. C'est en partant de ces données, que nous avons tenté la composition d'un vernis exempt d'huile ou d'essence. Toute la difficulté ne consistait plus que dans le dosage exact qui devait donner une liqueur susceptible d'une prompte dessication , et susceptible surtout de perdre dans la dessication qui fait évaporer tout l'alcohol, la miscibilité à l'eau ; condition sans laquelle il n'y aurait pas de vernis utile dans la plupart des emplois.

Nous ne rapporterons ici que celui des nombreux dosages qui nous a le mieux réussi. L'on pourra juger que cette composition offre un excipient des couleurs, qui n'est pas plus cher que les matières ordinaires employées pour les mêmes usages, et qui sont accompagnées de tant de mauvaise odeur et de désagrémens.

Prenez une livre de belle cire blanche bien pure. Faites fondre dans un vase vernissé ou dans un poêlon de cuivre bien net. Ajoutez par petites parties, et en agitant continuellement avec une spatule en bois, une lessive faite avec deux onces de sous-carbonate de soude cristallisé, dissous dans un demi-litre d'eau pure, dans laquelle on aura éteint et délayé préalablement, une demi-once de chaux nouvellement cuite. Cette lessive doit être tirée bien à clair.

A mesure qu'on versera de cette lessive sur la cire fondue, le mélange se boursouflera, et il en résultera un savon peu soluble à cause de la petite proportion d'alcali qu'il contient. Il faudra, en agitant sans cesse, faire cuire ce savon, et évaporer presque en totalité l'eau. On reconnaîtra que le savon est bien cuit, lorsqu'en laissant tomber une goutte de la spatule sur l'ongle, la matière se figera instantanément, et offrira une écaille demi-transparente et presque de l'aspect de la cire.

On aura fait dissoudre à part une once de belle gomme arabique et une demi-once de belle colle de Flandres blonde, dans de l'eau chaude en quantité suffisante. Le savon étant bien cuit, on versera dessus la solution gommo-gélatineuse, par très-petites portions, et en agitant continuellement, les matières s'incorporeront peu à peu. On continuera la cuisson à feu très-doux, pour évaporer la presque totalité de l'humidité.

On ôtera le poêlon de dessus le feu, et lorsque la matière sera à moitié refroidie, on y incorporera peu à peu, et toujours à l'aide de l'agitation continue, un litre d'alcohol, c'est-à-dire d'esprit-de-vin $^3/_6$ de Montpellier; et on mettra en bouteilles, que l'on bouchera exactement, pour s'en servir au besoin. Les quantités d'ingrédiens indiqués ci-dessus produiront, si l'opération a été bien conduite, et les évaporations faites à

6*

propos, environ un litre et demi de liqueur, qui remplace, à s'y méprendre, le vernis lucidonique.

Pour l'emploi, on pourra suivre exactement le procédé indiqué dans le Prospectus des couleurs lucidoniques de madame Cosseron, dont nous donnons ici un extrait.

COULEURS LUCIDONIQUES

Employées depuis l'an 1803, admises aux Expositions des produits de l'Industrie française, de 1806, 1819, 1823, et 1827, chez Madame Cosseron *(née Lagrenée), mentionnée honorablement à l'Exposition des produits de l'Industrie française de 1823, et seul inventeur de ces Procédés de peinture, Quai de l'Ecole, N° 10, presque en face du Pont-Neuf, au deuxième sur le devant, à Paris.*

« Les Couleurs Lucidoniques, d'une composition hydrofuge, toutes préparées en liqueur, de toutes teintes et nuances, brillantes et sans odeur, sont employées avec succès depuis l'an 1803. Elles sont composées sans huile, essence, ni lait, sèchent en 20 minutes.

» Elles sont recherchées par leurs précieuses propriétés, et principalement celle d'intercepter totalement l'humidité, au point que l'on peut coller des papiers de tentures sur des murs humides et plâtres frais, le jour même qu'ils auront été peints en Couleurs Lucidoniques (deux couches).

» Ces Couleurs s'emploient généralement pour la peinture des bâtimens, sur murs, boiseries, carreaux, parquets, escaliers d'appartemens, treillages, jalousies, portes-cochères, voitures et meubles, alcôves, bois de lits, pour les garantir, avec certitude, des punaises ; et sur les métaux de la rouille, pour marbres, décors et ornemens.

» On a fait employer ces couleurs inaltérables sur des objets continuellement exposés au public, dans diverses administrations et établissemens. L'emploi qu'on en fit sur les candelabres du pont des Arts, en 1804 ; sur les quatre lions en fonte du palais des Arts ; à l'Hôtel-

de-Ville de Paris, sur des murs humides ; Maisons royales, et chez beaucoup de particuliers où ces peintures
ont conservé l'éclat, le brillant et la
fraîcheur, est un nombre suffisant de
travaux pour convaincre le public de
leur solidité.

» A ces avantages, les Couleurs Lucidoniques réunissent encore ceux de
n'avoir aucune odeur après leur emploi, de pouvoir peindre dans toutes les
saisons, tant intérieurement qu'exté-
rieurement ; ce qu'on ne peut obtenir
facilement des peintures à l'huile, à
l'essence et vernis, qui infectent et sont
malfaisantes, et nuisent à la santé, ne
sèchent que très-lentement, sur tout
dans les tems humides, et par conséquent entraînent des longueurs de tems
pour terminer les travaux ; tandis que,
avec les Couleurs Lucidoniques, on peut
occuper un appartement le jour même
qu'il est peint sans avoir à craindre aucun retour d'odeur.

» Si elles sont un peu plus chères que
les autres peintures, on est bien dé-
dommagé du prix un peu plus élevé
par la promptitude de l'exécution et
leur solidité à toute épreuve ; ce qui

doit convenir principalement aux pro-
priétaires de maisons, aux personnes
pressées de jouir sans crainte d'affecter
leur santé, d'occuper un appartement,
une boutique, un café , etc.

» Ces peintures ne s'écaillent ni ne
gercent au soleil, ni à la pluie; on peut
les laver et nettoyer comme un marbre
sans jamais déteindre.

» Nota. Cette peinture , à l'extérieur
des édifices, sur bas-reliefs, colonnes,
statues, ornemens, etc. , empêche la
pierre de noircir et dispenserait du
grattage très-dispendieux, qui altère
les proportions de l'architecture et le
fini des sculptures, sans les préserver
d'être noircies de nouveau en peu de
tems. On a employé, depuis 1809, ce
procédé sur des sculptures très-noires,
et chargées d'un lichen très-ancien,
sans grattage préalable.

*Manière d'employer les Couleurs Lu-
cidoniques mates et brillantes et
sans odeur, qui se conservent des
années sans s'altérer.*

» Surtout ne mettre jamais d'encaustique ni de mastic à l'huile sur les carreaux et parquets.

» On bouche, après la première couche, les trous et les fentes des bois, soit au mastic, à la colle (ce qui est plus économique), soit avec le Mastic Lucidonique, composé de blanc d'Espagne tamisé, mêlé de *transparente claire*, ou avec de la même teinte que l'on doit peindre ; n'en faire que peu à la fois, ce mastic devenant très-promptement aussi dur que la pierre.

» Ces Couleurs s'appliquent à froid, promptement comme un vernis, finement en glacis sans former d'épaisseur, en couche croisée, comme les autres peintures; il faut secouer ferme les bouteilles avant de s'en servir, et remuer le fond avec une baguette, pour bien mêler la couleur; n'en verser qu'au fur et à mesure du besoin, et remettre le bouchon de la bouteille, pour éviter l'évaporation, qui ferait épaissir et dessécher la couleur; en prendre peu à la fois dans la brosse ou pinceau pour n'en pas perdre; quand il durcit, on le frappe avec un marteau pour l'amollir.

» Si par hasard la couleur lucidonique devenait trop épaisse, on mettrait la bouteille au bain-Marie, en y ajoutant un peu d'esprit-de-vin pour lui rendre le fluide perdu par l'évaporation, ou autrement, remuer avec une baguette le fond de la bouteille, et surtout la laisser débauchée pendant cette opération.

»On emploie ordinairement de ces Couleurs une livre par toise carrée (ou 36 pieds de superficie) en peinture, pour les première et seconde couches, que l'on peut mettre à une heure de distance : deux couches suffisent pour les carreaux, parquets et escaliers d'appartemens, lorsqu'ils ne sont pas trop spongieux ou de mauvaise qualité, ce qui peut en employer davantage.

»Attendu que les Couleurs claires (indiquées mates) ne portent pas de brillant et ne couvrent pas autant que les couleurs foncées, il faut au moins une livre et demie par toise, et donner indispensablement, avant de vernir, une dernière couche de *transparente claire*, mêlée de moitié de teinte, appelée *glacis*, pour effacer les ondulations que produisent les teintes dans lesquelles il entre du blanc, et pour donner à la peinture un brillant qui égalise les tons à l'instant, et donner encore une dernière couche de vernis, sans mêler la teinte, pour donner le brillant le plus éclatant, ce qui couvre parfaitement bien les bois neufs et autres lorsqu'ils ont reçu trois couches et le vernis, à moins que l'on ne veuille laisser la peinture mate, alors on ne vernirait pas en dernière couche.

» On prévient que l'on ne peut marcher sur les carreaux et parquets que deux heures après qu'ils sont PEINTS. On les fait frotter comme à l'ordinaire, à la brosse et à la cire, deux ou trois jours après; la couleur n'en dure que davantage étant entretenue par le frottage. Lorsque les carreaux sont trés-sales, on peut les laver avec une éponge mouillée; quand ils sont secs, on les fait frotter, et la peinture reprend son premier brillant sans déteindre. De même sur les boiseries, quand les entrées de portes sont graissées, on les lave à froid avec une légère eau de savon, et un coup de brosse ou laine à sec fait reparaître le lustre. — Les pinceaux se lavent à l'eau bouillante, mêlée de savon noir, pour les nettoyer à fond, et les laisser bien sécher avant de s'en servir.

» On prévient qu'il faut toujours tenir les teintes mélangées plus claires, attendu que les Couleurs Lucidoniques employées tendent plutôt à foncer un peu qu'à pâlir : c'est le contraire des autres peintures.

» On peut employer les Couleurs Lucidoniques sur de bons fonds à l'huile, ainsi que sur de bons encollages, à moins que ces anciennes peintures ne soient écaillées, graissées ou chargées de vernis, ou les carreaux empreints de plâtre, corps gras, cire, etc. Dans ce cas, il faut, lessiver à l'eau seconde pure ou coupée, gratter avant de peindre. Sur les bois neufs, tels que sapin et chêne, il est utile, pour épargner la couleur, de mettre une première couche d'*encollage très-léger* pour pouvoir reboucher et poncer, soit pour laisser voir les veines du bois ou les couvrir si le bois est défectueux ; mais sur les parties humides mettre la Couleur Lucidonique pure.

» On ne peut ajouter à la Couleur Lucidonique, pour la rendre plus fluide au besoin, autre chose que l'esprit-de-vin nécessaire, soit pour ombrer et filer les panneaux, ou pour veiner,

glacer marbres et bois, jeter ou chique-
ter des granits. On s'en sert aussi pour
rincer les bouteilles, pour ne pas perdre
de couleur, ou pour nettoyer un petit
pinceau, si l'on veut s'en servir de
suite pour passer à une autre teinte.

Prix fixe des Couleurs Lucidoniques,
*mates et brillantes, toutes prépa-
rées en liqueur en bouteilles, qui
se vendent à la livre pesant. Elles
se conservent des années sans s'altérer, les bouteilles bien bouchées.*

La livre pesant.

Rouge, pour carreaux,
               brillant. . 3 f.   c.
Jaune, pour carreaux , *id*. . . 3
Couleur de chêne, pour parquets et escaliers d'appartemens. . . . . brillante. . 3

» On emploie ordinairement, pour
deux couches, une livre par toise.

» Surtout jamais d'encaustique ni
mastic à l'huile sur les carreaux et parquets. On frotte, comme à l'ordinaire,
à la brosse et à la cire , ou bien on ne
fait que laver.

» Dès le lendemain, on peut frotter ces appartemens comme à l'ordinaire, à la brosse et à la cire : la couleur n'en dure que davantage.

La livre pesant.

Couleur de bois d'épine,
                    brillante.. 3 f.   c.
Ocre jaune mêlée de blanc ,
    pour les dessous d'acajou ,
                    demi-brillante.. 3   5o
Ocre de rue, terre d'ombre,
                    brillante.. 4
Chocolat puce foncé, brillant 4
Teinte de pierre............. 4
Chocolat clair, demi-brillant. 4
Noir couleur de fer, pour fer-
    rures , crampons , grilles ,
    tôles , plomb.... brillant.. 4
Blanc pur ou azuré.... mat.. 4
Blanc de lait, gris laqueux ,
                    mats.. 4
Gris perlé et de toutes nuan-
    ces,............... mat.. 4
Gris ardoise , demi-brillant.. 4
Bleu de ciel de pâte , et bleu
    turquin............ mats . 4
Couleurs de chair, paille ,
                    mates.. 4

Hortensia, noisette, nankin,
                    mats.. 4
Chamois abricot soufré...... 4
Couleur badigeon beurre frais 4
Lilas clair ou foncé,   mat.. 4   5o
Vert d'eau,   mat.. 4   5o
Vert-bronze, olive ou vert an-
    tique,   brillans.. 5
Vert-bronze fin............. 6
Vert pré, vert pistache, vert
    pomme,   brillans.. 6   5o
Jaune de chrôme, brillant.. 6   5o
Jaune jonquille,   mat.. 6   5o
Orange clair ou foncé, brillant 5   5o
Vermillon pur,   brillant.. 5   5o
Acajou clair, pour laisser voir
    les veines du bois naturel,
                    brillant.. 4   5o
Acajou foncé, pour couvrir
    les veines du bois défec-
    tueux,   brillant.. 5   5o
Laque carminée pure,
                    brillante.. 6   5o
Bleu de roi,   demi-brillant.. 6
    Amaranthe,   mate.. 6
Giroflée, violet,   mats.. 6
Couleur maroquin, brillante. 6
Transparente foncée pour
    meubles, et laisser voir les

veines du bois naturel, vernir les frises, granits et soubassemens............ 4

Transparente claire, pour vernir en dernière couche toutes les teintes claires qui ne portent pas de brillant....

» *Nota.* Avec une livre de ces deux transparentes, on vernit également 4 toises d'ouvrage, à une seule couche, qui donne le brillant le plus éclatant.

» Teintes pour colorer les bois neufs et leur donner à volonté les noms de chêne, de sapin, de noyer, de cèdre, de citron, d'ébène et d'acajou, toutes pour laisser voir les veines du bois. A choisir les teintes diverses................... 4

Prix fixe des Etablissemens de PEINTURES LUCIDONIQUES.

La mise en couleur des carreaux, parquets, escaliers, appartemens, en rouge,

7 *

La toise carrée.

Le pied.

Plinthes, n'excédant pas trois
pouces, unies.................... 15 c.
En marbre ordinaire............ 5o
Bronze avec frottis dorés........ 6o
Ferrures en noir (pied pour
pièce)...................... 15
Ferrures bronzées et glacées.... 6o

» Meubles, bois de lits, fauteuils,
cheminées, voitures, trains, treillages,
jalousies, portes-cochères, vases, statues, réchampissage sur sculpture,
décors, ornemens, attributs de toute
espèce, écussons, etc., prix dont on
conviendra suivant les grandeurs et le
genre de peintures.

Ouvrage préparatoire.

La toise.

Rebouchage.................. f. 75 c.
Lessivage à l'eau seconde pure........................... » 75
Grattage à vif sur plâtre..... » 6o
Grattage à vif sur bois et moulures évidées, sera payé par
journées d'attachement... » »
Plafonds en détrempe, encol-
lés et deux couches de teintes........................ 1 25

» Le badigeon sédimenteux, à 75 cent. la livre pesant, par entreprise, sur les murs d'escalier, plafonds, cuisine, 1 fr. 50 cent. la toise; à deux couches, sur boiserie réchampie de deux teintes, 3 fr. la toise, d'une seule teinte, 2 fr. 50 cent., grattage et rebouchage à part. Ce badigeon ne déteint pas et durcit en vieillissant. Il faut, quand il devient ancien dans la bouteille, le mettre au bain-marie. »

(Copié sur les Prospectus et Prix courans de Madame Cosseron.)

FIN.

TABLE

DES CHAPITRES.

—

CHAPITRE II.

*Ornemens d'architecture en Mosaï-
que, etc.*

CHAPITRE III.

*Divers Procédés de décorations pour
meubles, etc.*

CHAPITRE IV.

Nettoyage et Entretien des Meubles et Objets de Décoration.

FIN DE LA TABLE.

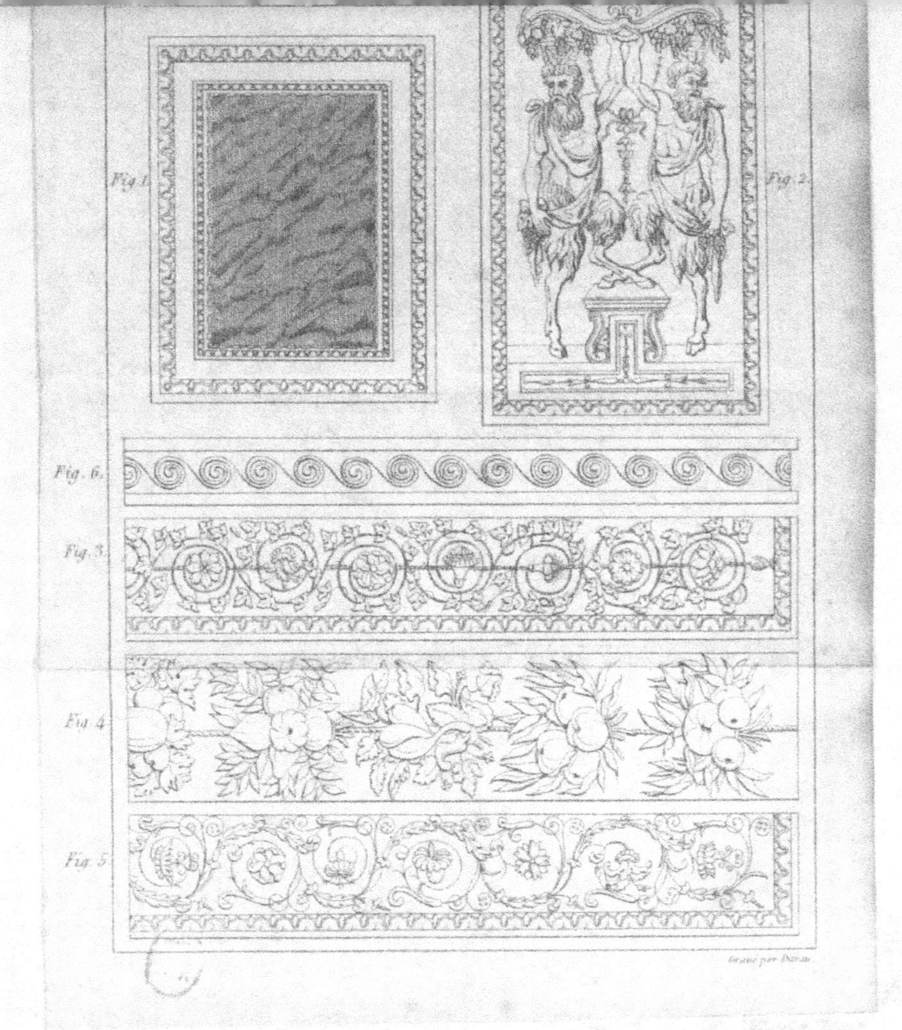

Fig. 1.
Fig. 2.
Fig. 6.
Fig. 3.
Fig. 4.
Fig. 5.
Gravé par Durin.